お稲荷さんのすごいひみつ

一生守ってくれるありがたい神様

桜井識子

ハート出版

う別の神様のことを心から心配したり、思いやったり、励ましたりする神様だったのです。白龍お稲荷さんの感動的なエピソードを知って、皆様にももっとお稲荷さんのことを知ってもらいたいと思いました。

お稲荷さんを正しく理解していただくためには、情報を多く集める必要があると思い、新たに各地の稲荷神社を訪れました。そこで体験したことは、いつものように見たまま聞いたままを、そのまま書いています。

実は、この本は別のテーマで話が進んでいました。お稲荷さん特集に変えたいという私の希望を、快く承諾して下さったハート出版さんのおかげで生まれた1冊でもあります。

我が家に来た白龍お稲荷さんのエピソードは第2章に書いています。感動するお話ですから、多くの方に読んでいただきたいです。

第1章は基本的なことについて書いています。私が書いたものに詳しい方は「知っていますよ〜」という内容もあるかもしれませんが、お稲荷さん初心者の方もいらっしゃると思うので、まずは知っておくべき基本を書きました。

第3章と第4章は、新たに取材をした稲荷神社を19社、ご紹介しています。

第5章には、これまでに本やブログでご紹介した稲荷神社をすべて載せています（東日本大震災で被災した神社を除きます）。

お稲荷さんの参拝に関して、皆様が「ん？」と疑問に思うことがないようにした、お稲荷さんづくしの1冊です。どのお稲荷さんにも素敵な個性があって、知れば知るほど参拝するのが楽しくなると思います。

幸運は、何もせず、じっと待っているだけでは転がり込んできてくれません。自分から探しに行く、自分からゲットしに行く、その方法のひとつとしていろんな神社を参拝することをご提案いたします。中でも、お稲荷さんはごりやくを与えてくれやすい神様ですから、超おすすめです。

桜井識子

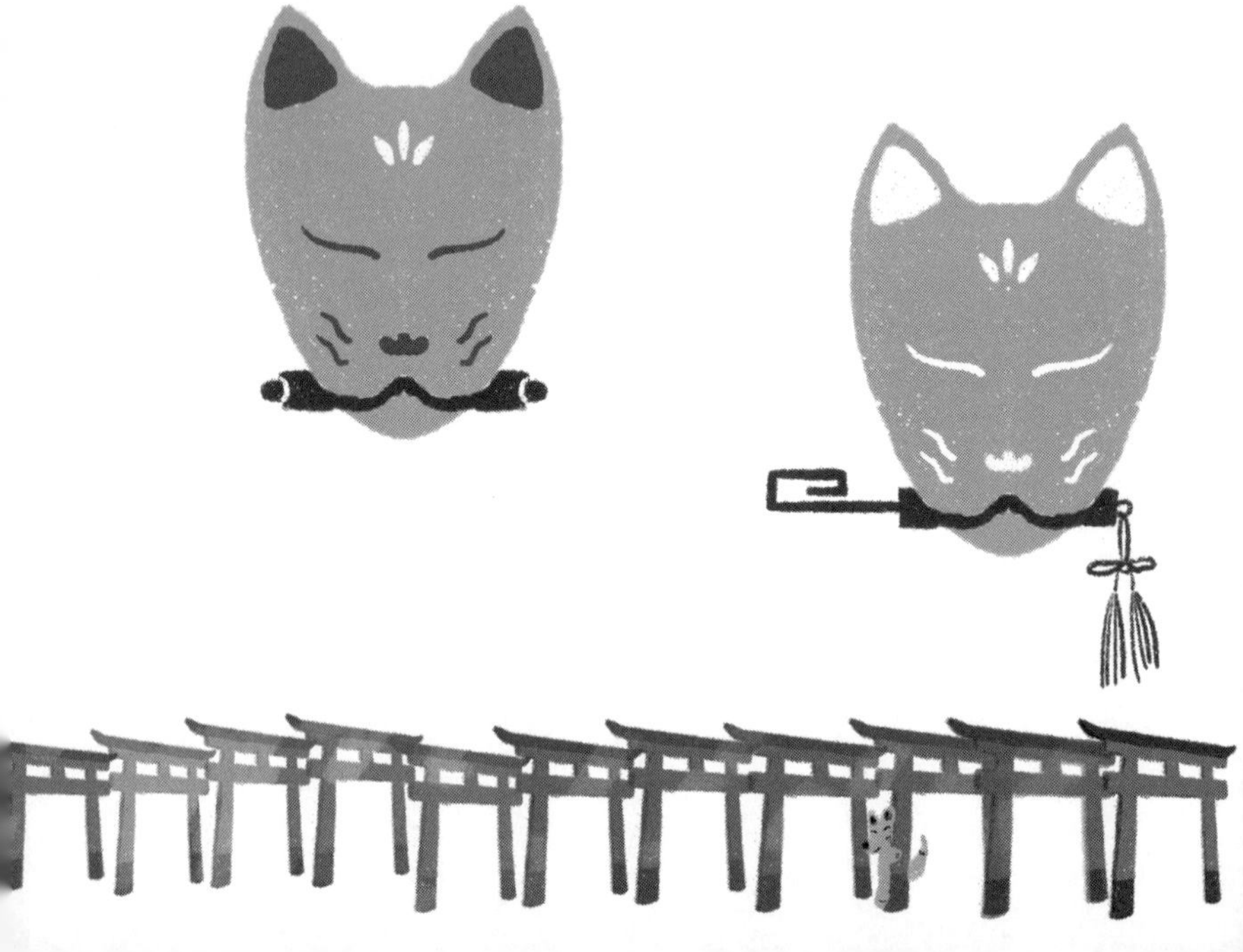

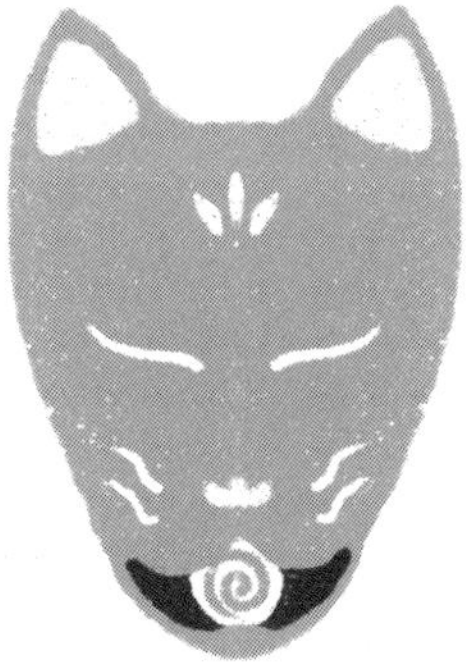

第１章

お稲荷さんのきほん

お稲荷さんのお姿

一般的なお稲荷さんはパッと見、キツネに見えます。でも、動物のキツネとは関係ありません。姿が似ているというだけです。ですから、動物のキツネが亡くなったからといってお稲荷さんになるわけではありません。

体の色は白がほとんどです。パワーがなくなると茶色に変色することもあります。しかし、茶色のお稲荷さんのすべてが、力が落ちているというわけではなく、みずから茶色を選んでいるお稲荷さんもいます。体の色が力の強さを表しているのではありません。

色でパワーの強さは判断できませんが、毛ヅヤが悪ければ元気がないお稲荷さんです。これは確実に言えます。元気ハツラツのお稲荷さんは、毛ヅヤがよくツヤツヤしています。

修行を積んで神格が上がると、体の色が白色から黄金色に変わります。金色に見えるお稲荷さんはかなり高い神格であり、パワーも一般的なお稲荷さんより大幅にアップしています。黄金色からさらに神格が上がると、色がなくなります。透明になるのです。そこまでの神格になれば、もうキツネの姿ではありません。姿もなくなります。

京都の伏見稲荷大社のご祭神であるお稲荷さんがこのレベルで、はるか前にキツネ姿を卒業しています。神格やパワーが山岳系神様（高い山の上や、連なった山々にいる神様です。地上にいる神様の中で一番神格が高く、パワーやエネルギーが強大で、奇跡も起こせます）と並ぶほどに高くて大きく、ここまで到達するには気の遠くなるほどの年月が必要です。努力も並大抵ではありません。長い期間、絶え間なく厳しい修行を重ねた結果、ここまで進化しているのです。

パワーの大きさは体のサイズで表現されることが多く、大きな姿のお稲荷さんは力も強いというのが一般的です。

お稲荷さんは大きく2種類に分かれます。眷属から神様になったタイプと、自然霊から神様になったタイプです。

見えない世界に多くいる自然霊は誰にも仕えることなく、見えない世界の原野を思う存分駆けめぐっています。自由気ままにすごしているのです。自然霊特有のパワーを持っていますが、修行をしないのでレベルは変わりません。

眷属は神社でご祭神のお手伝いをしています。ご祭神への忠誠心がとても厚く、お手伝いとして修行を重ねていますから、レベルは徐々に上がっていきます。最初は小さな子どもクラスの眷属でも、修行を積めばいつかは神様になります。

お稲荷さんとして神社に鎮座した場合、自然霊出身のお稲荷さんと眷属出身のお稲荷さんのパワーに差はありません。自然霊だから、もとが眷属だから、とその部分で差が出るわけではないのです。どちらが優秀だとかの優劣もありません。自然霊出身はもともと持っている力を使い、眷属出身は修行でつけた力を使う、その違いだけです。

姿は若干違います。自然霊のお稲荷さんの中には、尻尾《しっぽ》の数が多いタイプがいます。5本とか9本などいろいろですが、尻尾の数が多いタイプはそう多くはありません。どちらかというと、珍しいです。というのは、尻尾が多い自然霊のほとんどは、神様になることを選ばないからです。

姿として多いのは、尻尾の先が割れて分かれているタイプです。やや大きめの尻尾の半分あたりから先が細かく分かれていて、ふわふわとそよいでいます。吹き流しのように風になびいているのです。尻尾の長いニワトリがいますが、あのような感じです。

尻尾が1本で先が割れていないお稲荷さんは眷属、もしくは眷属が修行をして神様になったタイプです。コツコツと地道に修行をして、力をつけてきた真面目なお稲荷さんでもあります。

「お稲荷さん」という名称についてもお伝えしておきます。

大きな稲荷神社にはご祭神としてメインのお稲荷さんがいます。このお稲荷さんは「神様」です。神様のお稲荷さんの下には、眷属が子分として仕えています。伏見稲荷大社のような大きな神社だったら、眷属でもすでに神様になっていることもあります。

私は、ごく普通の神社の眷属は「眷属」と書きますが、稲荷神社では、眷属も「お稲荷さん」ですから、ご祭神の神様も、眷属も、同じように「お稲荷さん」と書いていることがあります。

私の書くものに慣れていない人は「え?」と思われるかもしれません。

キツネの姿から大きく進化した伏見稲荷大社のご祭神のような神様も、キツネの姿をしたままの神様も、キツネ姿の眷属も、キツネ姿の自然霊も……全員が「お稲荷さん」なのです。

ですから、「お稲荷さん」と書いていても必ずしも神様のこととは限らず、眷属だったり、自然霊だったりすることもある、というわけです。

お稲荷さんの働き

お稲荷さんは大変働き者です。人間を守るため、ごりやくを与えるためにあちこちに行ったり、こまめに動きまわったりしています。

境内に稲荷社がある神社のご祭神に話を聞くと、どの神様も「稲荷は働き者である」と言います。神様の世界でも認められている働きぶりなのです。

神様の種類は多く、山岳系神様、龍神や天狗、天満宮さん、八幡さん、氏神さんなど、いろいろな神様がいます。そんな中で、人間のちょっとした得のために……つまり、極小と言える小さなごりやくを与えるためであっても走りまわることを厭《いと》わない、というのがお稲荷さんです。逆に言えば、そこまでしてくれるのはお稲荷さんだけです。

たとえば、仕事が接客業だとします。おつりを渡す時に、お札の向きを揃えていないことにクレームをつける気難しいお客さんが来た場合、お稲荷さんは別の人がそのお客さんの接客をするよう調整してくれます。

もしくはレジからお札を出す時に、バラバラにして持とうとしたお札を1枚落とさせます。拾った時に向きが揃うようにするとか、何かしらうまくサポートをしてくれるのです。

他の神様だったら、そこまでのサポートは期待できません。

「ちょっと、あなた！　お札は揃えて渡すのが礼儀でしょう！」と苦情を言われたところで、「申し訳ございません」と言えば、「次からは気をつけてちょうだい」ですむ話だからです。

イヤな思いをしないようにできるだけ守ってくれる、身近にいて常に親身になって考えてくれる、それがお稲荷さんです。面倒見がいい神様（眷属）であり、人間に一番近い神様（眷属）でもあります。

『神様、福運を招くコツはありますか？〈幻冬舎刊〉』という本に書いたのですが、叔母の家の近所にあるお寿司屋のご主人は、お稲荷さんにしっかりと守られています。お稲荷さんが守っているのは、ご主人に「守って下さい」とお願いされたからではありません。

このご主人には、信仰心が厚く、お稲荷さんを心から大切に思い、お世話をしていた祖母がいました。壊れかけていた神社のお社を直したこともあるそうです。その祖母が亡くなって、守る人がいなくなったお稲荷さんは、孫であるお寿司屋のご主人を守ることにしたのです。

ご主人の心根の美しさに惹かれたというのがメインの理由ですが、祖母が亡くなった時点で、お稲荷さんはもとの神社に帰ってもいいわけです。信仰は1対1の関係ですから、お稲荷さんがその家の誰かを続けて守らなければいけないということはありません。

けれど、お稲荷さんは帰らずに、孫であるご主人を守ることにしました。祖母にもらったたくさんのピュアな信仰心への恩返しなのかもしれません。

このようにお稲荷さんは厚く信仰する人のことをとても大切にします。

私の母の妹である叔母の家にもお稲荷さんがいます。叔母のことを大切にしているお稲荷さんなので、叔母の娘である従妹《いとこ》も大事に守っています。

従妹は交通事故に2回遭っています。

2回目の事故は、スクーターで真っ直ぐ走っていたところ、急に左折をしようとした車に巻き込まれました。従妹は転倒しましたが、どこにもケガはありませんでした。

初回の事故は学生の時です。自転車で走っていて、一時停止を無視して交差点に飛び出しました。ちょうどその時、横から車が来ていて衝突しました。従妹は何メートルか飛ばされましたが、尻もちをついただけでした。頭など他のところは一切打つことなく、その尻もちも軽〜くついただけで、まったくの無傷でした。

相手の車はバンパーが壊れて修理に出したというのに、従妹のほうは自転車にもダメージがないという、ありえない事故だったのです。


お稲荷さんを自宅の神棚に祀ると、さらに寄り添うように守ってくれます。神棚にじっといて、お願いを聞くだけではありません。危険を察知すると、すぐに助けに来てくれますし、避けられる危険だったら、しっかりと避けてくれます。避けられないものはダメージを小さくしてくれます。

面倒見がよいことに加えて、こまごまと動きまわることを厭わないので、ご縁を下さるお稲荷さんがいたら非常にラッキーです。

お稲荷さんの神格

神様とひとくちに言っても神格はそれぞれです。

とても神格の高い神様もいれば、低めの神様もいます。神様になったばかりだとか、神様になっているけれど修行をまったくしていないとか、神様としての経験が浅いとか、神格が低い理由はいろいろです。

お稲荷さんは神格の幅が広いのが特徴です。

山岳系神様クラスにまで進化した神格の高いお稲荷さんもいれば、低いお稲荷さんもいます。

神社ではなく、ポツンとひとつあるような、小さな祠《ほこら》・お社《やしろ》にいるお稲荷さんは神格が高くないのがほとんどです（まれに神格の高いお稲荷さんがいることもあるのですが、数としては少ないです）。小さな祠やお社には、まだまだ修行が必要な〝眷属〟がご祭神として入っていることもあります。

お稲荷さんはお願いを聞いてくれる確率が高い、働き者の神様なのですが、どのお稲荷さんを信仰するのか……その選択は慎重にします。

参拝者の「お稲荷さんを信仰する念」がお稲荷さんのエネルギーの一部となっているからです。

信仰する人……つまり、参拝者が多ければ多いほど、お稲荷さんはどんどんパワーがついて大きくなっていきます。よって、ますます願い事が叶いやすくなります。この場合は何の問題もありません。

しかし、参拝者が激減するとお稲荷さんは元気がなくなります。通常は社殿の空間に座っていますが、座るのもしんどい、というくらい疲弊するため、丸まっていたりするのです。

参拝に来る人が極端に減って完全にさびれてしまうと、パワーが大幅に減ります。まったく誰も来なくなると力が無くなることもあります。

そうなると、怒るお稲荷さんもいるわけです。以前はよく参拝に来ていたのに、なぜ、来なくなったのだ！　と。

少し前まで足しげく参拝に通っていたけれど、今はまったく行っていない……という人は叱られる〝可能性〟があります。けれど、これはごく一部のお稲荷さんに限られます。眷属クラスで鎮座しているお稲荷さんだけです。ですから、全部のお稲荷さんが叱る、という話ではありません。

神様になっているほとんどのお稲荷さんは、元気がなくなっても、パワーが落ちても、怒ったりしません。じっと耐えています。怒るお稲荷さんは少ないのですが、そういうケースがあるということは、知っておいたほうがいいです。

神社に行くと神様にご縁をいただけます。初回の参拝でご縁がもらえるのか、何回か通ってやっともらえるのかは神様によるのですが、コンスタントに参拝すれば、ご縁はもらえます。ご縁がもらえると、神様に特別に目をかけてもらえます。しかし、お稲荷さんの場合、お稲荷さんのパワーが無くなって落ちぶれた時に怒られるのは、ご縁をいただいている人なのです（もしも怒るお稲荷さんだったら、です）。

ですので、神社ではない、ポツンとひとつだけあるような、小さな祠・小さなお社のお稲荷さんを信仰するのは慎重にします。信仰しようと決めたら、コンスタントに、末長く、参拝することをおすすめします。

もしかしたら、今現在、お稲荷さんに怒られているのかもしれないという人は、謝罪に行ったほうがいいです。実際に神社に行って、今まで来ることができなかった理由をお話し、誠心誠意お詫びをすれば大丈夫です。

定期的に参拝することを知らなかったのであれば、正直にそう言えばいいですし、遠方でなかなか来られなかったのであれば、そこを丁寧に説明して謝罪するといいです。

この時に、できればお酒か油揚げ、赤飯や果物などのお供え物を持って行くことをおすすめします。お供えをする直前に、実際に飲んだり食べたりできるようにフタを開けます。ラップやビニールなども破って隙間を作ります。帰る時にはゴミを神前に置くことにならないように、すべて持って帰ります。

お稲荷さんは〝神様〟です。もしくは神様の眷属です。神仏系の存在です。悪魔や悪霊ではありません。よほどのことがない限り、謝罪をすれば許してくれます。

その後しばらく様子を見て、許してもらえていないようだったら、それはコンスタントに行かなかったことを叱られているのではなく、何か別の失礼を働いた可能性があります。こうなると、伏見稲荷大社のご祭神である「伏見のお稲荷さん」におとりなしをお願いするしか許してもらえる方法がありません。

たくさんのお稲荷さんに参拝したから、どこのお稲荷さんが怒っているのかわからない、謝罪に行こうにも行けない、という人も同じです。

伏見のお稲荷さんにおとりなしをしてもらう方法も書いておきます。

ちょっとしんどいのですが、伏見稲荷大社の背後にある稲荷山に登ります。

まずは下の拝殿で自己紹介をして、おとりなしのお願いに来たことを眷属に伝えます。ご祭神のお稲荷さんは稲荷山にいるため、この神社では拝殿で祈願された内容は眷属がすべて神様に報告する、というシステムになっています。

手順としては、まず拝殿で簡潔なお話をし、詳しい内容は稲荷山に登りながら話します。

稲荷山を千本鳥居の右側のコースで登って行くと、右にトイレがある場所があります。その先の鳥居の集団を抜けると、左側に川が流れています。ここから先が神域です。

神域に入ったあたりから、神様に事情を詳しくお話します。心の中で話しても神様には届きますが、おすすめは小声でいいので、声を出すことです。本人は心の中で話しているつもりでも、「思う」という状態になっていることがあるため、声に出してつぶやくほうが確実です。

何もかもすべてを伝えて、怒っているかもしれないそのお稲荷さんには今後参拝しないことも伝えておきます。すると、伏見のお稲荷さんがうまく仲介してくれます。

伏見のお稲荷さんという大きな神様に、怒っているお稲荷さんのところにわざわざ行ってもらうのですから、お礼としてカップ酒をひとつ持って行きます。山頂（一ノ峯）のお社にお供えすればオーケーです。

叱られている本人が山に登れない場合、夫や妻、親や子ども、知人や親戚など誰でもいいので、代わりに登ってもらいます。

下の拝殿で初穂料を払って、神職さんに祈禱をしてもらっても、おとりなしのお願いは聞いてもらえません。山に登ってお願いすることが必須なのです。

伏見のお稲荷さんにおとりなしをお願いすれば、確実に解決してもらえます。

もしも、伏見稲荷でおとりなしをお願いしたのに、不運が続くという場合、それはお稲荷さんのお叱りではありません。お稲荷さんとは関係のない別の原因です。

叱られることがあるかもしれないと書きましたが、これは「祟《たた》り」ではありません。失礼なことをしてしまったとか、あるいは参拝をしなくなったという理由があってのことですから、こちらにも原因があります。

「叱る」と「祟り」は全然違います。完全に別のものです。お稲荷さんが祟るというのは、大きな誤解であり、侮辱的な間違いです。

身を粉《こ》にしてまで働いてくれるお稲荷さんなのに、なぜ「祟る」などという誤解があるのかと言いますと……「魔」のほうに傾いている「野狐《やこ》」を、お稲荷さんだと勘違いしている人がいるからです。

見た目が同じですから、お稲荷さんなのか、野狐なのか、姿では見分けがつきません。人間にイタズラをして面白がるだけの、害がないキツネ姿の自然霊もいますが、これも姿は同じです。

どれが神様でどれが「魔」の仲間なのか、波動でわかるようにならなければ、判断するのは難しいです。

野狐は「魔」の仲間ですから、人間に取り憑いて苦しめたり、ひどい障《さわ》りを与えたりします。容赦ない、というほど悪質です。野狐を見た昔の人が、「キツネだ」と言ったせいで、キツネならお稲荷さんだ、というふうに誤解され、お稲荷さんは祟るという話になったようです。

無実のお稲荷さんには災難ですね。濡れ衣なのです。これが「祟り」と言われている真相です。

眷属の自主修行

伏見稲荷大社には膨大な数の眷属がいます。

数が多すぎて、神様のお手伝いをする仕事が隅々にまで行き渡りません。眷属は仕事をしたいと思っています。神様に奉仕をすることになりますし、修行にもなるからです。
でも、数が多いため、仕事がまわってこない眷属もいるわけです。仕事がないからといってダラダラ怠《なま》けたり、遊んで暮らしたりする眷属はいません。自発的に仕事を見つけて修行に励みます。

その中のひとつに、参拝者の中から気に入った人を選んで守る、という修行があります。眷属は毎日多くの参拝者を見ています。毎日何万人という人間を見ていると、人間性が輝いている人が来ればひと目でわかります。信仰心が厚い人、神様のことが大好きだという人、魂が純粋な人はすぐにわかるのです。

人を蹴落とそうとか、騙《だま》そうという気持ちがまったくなく、驕《おご》ったり人を見下したりもしない、心がピュアな人は好まれます。徳を積んでいるとか、よい行ないをたくさんしているとか、そのような〝日頃の行ない〟で判断されるのではなく、その人の真の〝人間性〟で選ばれるのです。

善良な性格で、自分が好ましく思う人物を見つけると、眷属は神様に許可をもらって、その人について行きます。その人の家に行って、その人を守ることで神格を上げる修行をします。つまり、自分から修行の出張に出かけて行く、というわけです。

守る期間に決まりはないので、10年というパターンもあれば20年というパターンもあります。一生守る、という眷属もいます。人間の一生は神様の時間に比べたら微々たるものですから、長いという感覚はありません。「ちょっと行ってきます」程度の時間なのです。

眷属が来てくれれば、危険や「魔」から守ってもらえるだけでなく、人生も好転します。眷属に選んでもらえるのは、非常にラッキーでありがたいことですが、その幸運は頻繁にあるわけではありませんし、誰もがもらえるわけでもありません。正直に言いますと、非常にまれです。もしも選んでもらえたら、それは千載一遇のチャンスです。


ここからは、その千載一遇のチャンスを逃さないようにする方法です。

神社から眷属が来てくれたとしても、半数くらいは……もしかしたらそれ以上の人が、その幸運を失っています。せっかく来てくれたのに、そのまま帰してしまうことが多いのです。チャンスは逃さずにつかんだほうがいいです。次のチャンスはないかもしれません。

ここで大事なのは、神様系の存在には〝宿る場所(もの)〟が絶対に必要だということです。ですから、いつ来てもいいように、宿ってもらえるものをあらかじめ用意しておきます。宿る場所さえあれば、帰ってしまう心配はありません。幸運を逃さずにすむのです。

宿る場所の位置はなるべく高いところにします。人間の息がかからないというのが最低条件ですから、宿ってもらうものは、壁や柱の高い位置に掛けるものがいいです。タンスの上や食器棚の上などにスペースを作り（鼻から上の高さは必須です）、そこに置くのもオーケーです。

宿ってもらえるものの例を挙げますと、壁に掛ける七福神などのお面（お祭りなどで買うプラスチック製のものは除きます）、古代の剣、七福神・宝船・龍などの置物、大きめの鈴や打ち出の小槌（この場合、鈴は絶対に鳴らしませんし、小槌も振ったりしません。宿る用なのでホコリをはらうくらいにします）、などです。

文字を書いていない新品の絵馬も宿りやすいのでおすすめです。

宿るものを準備したからといって、水などのお供え物をするのは厳禁です。神棚以外の場所に〝お供えとして〟水を置くと、他のものが飲みに来ます。成仏していない霊が飲みに来ることが多いので、お気をつけ下さい。

宿れる場所だけ作っておけば、あとは何もしなくても大丈夫です。

私の叔母は若い頃に伏見稲荷大社へ行って、ラッキーなことに眷属の自主修行先に選ばれました。叔母は一生コースのようで、今もしっかりと手厚く守ってもらっています。

お稲荷さんのごりやく

昔は五穀豊穣などが一般的でしたが、現在では金運アップや事業繁栄、商売繁盛などの祈願が多いようです。私は全国あちこちの稲荷神社に参拝していますが、奉納されたものに企業名が書かれているのをよく見ます。

実際のごりやくはと言いますと、お稲荷さんは稲が実るようにお金を実らせるため、金運アップに強いのは本当です。個人でも企業でもそのごりやくをいただけます。出世や平癒など、特別なごりやくに特化したお稲荷さんもいますし、現代に戦はありませんが、戦に強いお稲荷さんもいます。

でも、基本、願掛けはなんでもオーケーです。ただし、お稲荷さんによっては得意ではないごりやくもありますから、叶わない場合は得意ではないということです。ちなみに縁結びや合格祈願は、小さな祠や小さなお社のお稲荷さんだったら、そんなに得意ではありません。

伏見稲荷大社や佐賀の祐徳稲荷神社など、有名で大きな稲荷神社は眷属が多いです。働き者の神様であることに加え、眷属が多く、自主修行をする眷属もいたりするので、稲荷神社は願掛けが叶う率が高いと言えます。

大きめの稲荷神社は、願ったことが叶うというごりやくですが、大きな神社ではなく、こぢんまりとした小さな稲荷神社、もしくは境内社だったら、さらにプラスアルファがあります。参拝者との距離が近いため、もっと寄り添ったご加護をいただけるのです。

わかりやすくイメージで説明をすると、昔の人が畑仕事の帰りに毎日手を合わせているような、田んぼの脇にあるお社のお稲荷さんみたいな感じでしょうか。そのお稲荷さんが信仰してくれる人に寄り添って、しっかり守るのと同じです。

規模が小さければ参拝者が少ないので、お稲荷さんは時々参拝者のそばに行って、さりげなく危険から救ったり、悪いものから守ったりします。お願いされたことを叶えて終わり、というところから、一歩進んだご加護をくれるのです。

それよりももっと寄り添ってくれるのが、神棚に祀ったお稲荷さんです。

お願い事を叶えるだけでなく、徹底的に守ってくれます。終始そばにいるような感じで、家族を危機や悪いものから遠ざけてくれます。

お稲荷さんの特徴

お稲荷さんは基本、神様系です。全国に稲荷神社が多くあり、境内社として祀られているのも、ほとんどが神社の境内です。このように神様系が基本なのですが、お寺にいるお稲荷さんもいます。お寺の境内でも稲荷社を見ることがよくあります。

神様と仏様は、宗教も存在自体も違うため、波動が違います。

お稲荷さんはそこをうまく調整できるのです。つまり、どちらにも順応できるというわけです。神様の眷属として働くことができますし、仏様の眷属として働くこともできます。

さらに、牛頭天王《ごずてんのう》の眷属として働くこともできるのです。これはすごいことです。

牛頭天王は「魔」の世界に顔を出せる神様です。一般的な神様と違って「魔」の色を持っています。牛頭天王の眷属は魔物や妖怪に見えます。「魔」の色を持っているので、独特な姿をしているのです。

その中に、お稲荷さんが普通のキツネ姿で混じっています。これには心底ビックリしました。牛頭天王の波動にも馴染めるし、妖怪のような眷属とも仲間になれる、というわけです。

お稲荷さんは、神社系でも、お寺系でも、牛頭天王系でも、そこに違いはありません。見た目はキツネの姿ですし、お金を実らせることに長けていて、働き者です。ただし、お寺にいる眷属は、仏様の下で働いている、仏様の使い、という部分が強いので、仏様から離れて自主修行に出ることはありません。

お稲荷さんの性質

いろんなお稲荷さんがいます。優しいお稲荷さん、厳しいお稲荷さん、陽気なお稲荷さんなど、性質はさまざまです。親分肌で大らかなお稲荷さんもいますし、細かいところまでケアしてくれるお稲荷さんもいます。プライドが高いお稲荷さんもいます。

たとえばですが、数メートル先で転ぶ、でもケガはしない、とわかった時、「転ぶくらい、どうってことはない」と気にしないお稲荷さんと、「転んで恥ずかしい思いをさせるのはかわいそう」と転ばないように守ってくれるお稲荷さんがいます。

願掛けではない部分は、守ってくれているお稲荷さんの性質によって違いがあります。

前述した叔母の家にいるお稲荷さんは、非常に陽気で明るいです。このお稲荷さんはお酒が大好きで、祖母の体に降りると（祖母は霊能者であり、霊媒でした）、お酒を飲んだそうです。

祖母自身はお酒を一滴も飲めません。飲むと気分が悪くなる体質だったのです。それなのに、お稲荷さんが体に降りたら、コップにいっぱい入ったお酒を、ぐぐーっと一気に飲み干したそうです。

もちろん、酔ったり、気分が悪くなったりもしません。お稲荷さんが体から離れても、お酒は体内にまったく残っていなくて、「あれは不思議だった」と、今でも母や叔母たちが話しています。

このお稲荷さんは、ある日、祖母に降りてお酒が入ると、「今日は歌でも歌おうかの」と言ったそうです。「は？　歌？」と、祖父や叔母がビックリしていると、お稲荷さんは機嫌よく歌い始めました。

祖父も叔母もまったく聞いたことのない、わけのわからない歌だったそうですが、お稲荷さんが「神の歌」だと言うので、「へ？　なに？　その歌？」と思いつつ、祖父も叔母も黙って静かに聴いたということです（笑）。このような気さくなお稲荷さんもいます。

ほとんどが人間に優しいお稲荷さんですから、おそれなくても大丈夫です。神社に行ったら、明るく元気に「お稲荷さん、こんにちは！」とご挨拶をして、「昨日はこんなことがあったんですよ～」と、たくさんお話をすると喜ばれます。

お稲荷さんの会議

伏見稲荷大社では、見えない世界で年に一度、お稲荷さんの会議が行われます。全国のお稲荷さんが10月の中旬から下旬の約1週間、伏見稲荷大社に集まるのです（日程は毎年違います。だいたい14・15日あたりから、19・20日くらいまでのようです）。

全国のお稲荷さんの総親分と言えるのが、伏見稲荷大社のご祭神です。日本のすべてのお稲荷さんが会議に参加する関係で、伏見のお稲荷さんは国内のどんな小さなお社のお稲荷さんもご存知です。

前述したように、どこかのお稲荷さんに失礼を働いて叱られた、謝っても許してもらえない、もしくはなんとなく怒られているように感じるという場合は、伏見稲荷大社に行けば解決してもらえます。その理由は、伏見のお稲荷さんは相手のお稲荷さんを確実に知っているからです。

お塚信仰のお稲荷さん

「お塚《つか》」というのは境内社ではないのに、稲荷神社の境内にある、祠やお社、石碑のことです。稲荷信仰独特のもので、これは個人的に信仰する祠やお社です。あちこちの稲荷神社でお塚をよく見ます。

伏見稲荷大社の後方にある稲荷山にはものすごい数のお塚があります。中には小さな神社というくらいまで信仰を集めているところもあります。1万基ほどあるそうですが、現在はほとんどが古くなっており、放置されています。

このような個人的に信仰するお塚は、明治以降に盛んになったらしいのですが、今では誰も訪れないし、手入れもされていない……という状態になっているものが少なくありません。

誰も訪れない、汚れて壊れてしまった祠やお社でも、お塚のお稲荷さんはそのまま残っていることがほとんどです。個別に信仰してほしい、という気持ちが強いからです。打ち捨てられた時に、ご祭神の眷属となるお稲荷さんもいますが、じっと次の「信仰してくれる人」を待つ、というお稲荷さんのほうが多いのです。

お塚は、神社の正式な摂社や末社ではありません。個人が祀った、個人的な祠やお社なので、ここにいるお稲荷さんはご祭神の神様や眷属とは関係がありません。神社の一員ではなく、別の存在としてお塚にいます。

そのようなお塚のお稲荷さんでも、ご祭神の眷属として働いていれば、神社の一員となっていますから、参拝しても問題ありません。けれど、お塚として独立したままのお稲荷さんを信仰するのは難しいので、参拝は慎重にします。

手を合わせてくれるだけでいい、1回の参拝でもかまわないという、サッパリタイプのお稲荷さんもいますが、一度手を合わせたらコンスタントに一生来い、というお稲荷さんもいるからです。

前を通ってくれるだけでいいというお稲荷さんもいれば、フレンドリーで明るいお稲荷さんもいます。でも逆に、厳しいお稲荷さんもいます。

ここで知っておいたほうがいいと思うのは、小さな、さびれたお塚にいるのは、ほとんどが神格が高くないお稲荷さんだということです（もちろん、中には驚くほど神格が高いお稲荷さんもいます）。

お稲荷さんの神格がよくわからないという人は、ふらっと軽〜く参拝するのはやめたほうがいいです。お塚信仰は慎重にすべきものだからです（ちなみに私の本やブログに載せているところは問題ありません。しつこいほど安全を確認しています）。

お塚信仰は、摂社末社を参拝することとは、まったく意味が違います。コンスタントに通っている間は大丈夫ですが、通えなくなった時に叱られる〝可能性〟があります。

佐賀の祐徳稲荷神社や、東京の東伏見稲荷神社では、お塚エリアを歩いてほしいと言われました。歩いてもらえるだけでありがたい、というお稲荷さんばかりなので、どちらもお塚を歩いたり、手を合わせたりしても問題ありません。

一概には言えないのですが、お塚信仰をする気がない、という人はお塚エリアに入らないほうがいいです。逆に、コンスタントに死ぬまで参拝する、信仰する、という人は厚いご加護がもらえます。

重ねて言いますが、お塚には「叱る」お稲荷さんもいるので、信仰するのは慎重にしたほうがいいです。

お稲荷さんの前掛け

稲荷神社に行くと、狛狐やキツネ像の首に、前掛けが掛けられています。中に入っている眷属は、前掛けをプレゼントされることが、ものすごーーーーく嬉しいそうです。

「え？　そこまで？」というくらい、もらった眷属はニコニコしています。

前掛けは見えない世界の眷属本人が身につけているのではなく、キツネの「像」がつけているものです。あってもなくても同じなのでは？　と思うのは人間だけで、プレゼントされた眷属は本当に喜んでいます。

普通の赤一色の前掛けでも大喜びですが、オシャレな柄の布だったり、ちょっとした飾りがついたものだったりすると、超ゴキゲン！　というほどの笑顔になります。奈良の源九郎稲荷神社に行った時、デザイン性の高いオシャレな前掛けをしていた眷属はニッコニコでした。

ただ、ひとつだけ注意が必要なのは、前掛けの基本は「赤」です。なので、パッと見が「赤」、もしくは、赤が半分以上入っていることは必須です（違う色を首に掛けるとイヤがられます）。

以前に参拝した時は前掛けをしていなかった狛狐が、次にその神社を参拝すると、前掛けをつけてもらっている、ということがありました。その狛狐もニッコニコでした。ニコニコじゃなくて、ニッコニコなのです。

プレゼントされた前掛けには、信仰心が厚い人の、そのお稲荷さんを思う「信仰」が入っています。前掛けをプレゼントするということは、お稲荷さんが「いる」ということを、心の底から信じています。正確に言えば、「信じる」よりも、もっと強い気持ちです。空気があることを疑っていない、朝になったら太陽が昇ることを疑っていない、と同じように、お稲荷さんがいることを疑うことなく、普通だと思っています。これは「信じる」よりもはるかに強い気持ちです。

この気持ちでお稲荷さんを敬うことは、言い換えれば透き通ったピュアな信仰であり、極上の信仰と言えるのです。

そのような美しい信仰が入った前掛けですから、眷属は格別に嬉しいわけです。ピュアな信仰が入ったものを身につけていると、肌触りがいいというか、心地いいのですね。それで、ニコニコと上機嫌になります。

お供え物もそうです。「神様に飲んでもらおう」と持っていくお酒や、「神様に食べてもらおう」と持っていくお団子など、そのお供え物には、ピュアで美しい信仰が入っています。ですから、お供え物も特別に美味しいわけですね。

どちらも本当にものすごく喜んでもらえるので、お供え物も前掛けも、「喜んでくれるかな〜」と、ワクワクしながら持っていくといいです。神様のことを思う、その純粋なワクワクした気持ちがたっぷりと入るため、信仰がいっぱい詰まった、あたたかい贈り物になります（ちなみに、前掛けに願い事を書くのはNGです。そこはご注意下さい）。

まとめ

「祟る」などという、失礼な誤解をされているお稲荷さんですが、そんなことは絶対にありません。それどころか、大きなごりやくを与えてくれます。人間に寄り添った神様・眷属ですから、安定した生活ができるよう守ってくれるのです。働き者で面倒見もいいため、降りかかってくる災難も減らしてくれます。よって、人生が好転します。

お稲荷さんに一生コースで守ってもらっている叔母は、２０２３年現在、78歳ですが、驚くほど元気です。自宅はマンションの4階なのに、歩いて階段を上り下りしています。私の年齢でも「ヒー！　きっつー」という階段ですが、叔母はハーハー言うことなく、時には孫を抱いて上り下りしているのです。足腰が弱っていません。

80歳まであと2年という年齢ですが、自転車にも普通に乗って買い物に行っており、これには目玉が飛び出るほど驚きました。ヨロヨロすることなくちゃんと乗っているのです。

友達との飲み会もしょっちゅうしていますし、飲み友達も多く、夜はほぼ出かけていると、同居している従妹が言っていました。

そして、なんと！　健康維持のためにパートもしているのです。人生を謳歌しているなぁ〜、と会うたびに思います。守っているお稲荷さんはすごいな、とこれも毎回思います。

私には「五芒星《ごぼうせい》お稲荷さん」という、私が勝手にこう呼んでいるお稲荷さんがついています。我が家には神棚がないので、常時家にいるわけではなく、時々来てくれます。キツネの像を冷蔵庫の上に置いているのですが、来てくれた時はその像に宿っています。

神社のご祭神だった大きなお稲荷さんですし、眷属も多いので、ずっとそこに宿るのは難しいため、長居はしません。けれど、こまめに様子を見に来てくれます。こちらから呼んでもすぐに来てくれるので、ありがたいです。

危ないところを救ってもらうことも多く、困った状況で力になってもらうこともしょっちゅうです。呪いがかかった時も助けてもらいました。もしも、五芒星お稲荷さんがいなかったらあの呪いはどうなっていたのか……と、想像するのも怖いです。

このお稲荷さんが取材に同行してくれるおかげで、危険なところは避けられますし、ヨーロッパに行った時は、身を挺して助けてくれたこともあって、お稲荷さんに守られるありがたみをひしひしと感じています。

お稲荷さんが与えてくれる幸運（ご加護）は、願掛けを叶えたらそこで終わり、という1回きりではありません。一生続くのです。祟るという噂に惑わされて、ありがたい神様を避けるのはもったいないです。

本書では新しく稲荷神社を19社ご紹介し、これまでにご紹介してきた稲荷神社も一覧にまとめました。すべて安心して参拝できるお稲荷さんです。

人生を変えたいという人は、お気に入りのお稲荷さんを見つけるといいです。ピュアな気持ちで参拝すれば、お稲荷さんは必ず応えてくれます。

第2章

お稲荷さん取材のきっかけ

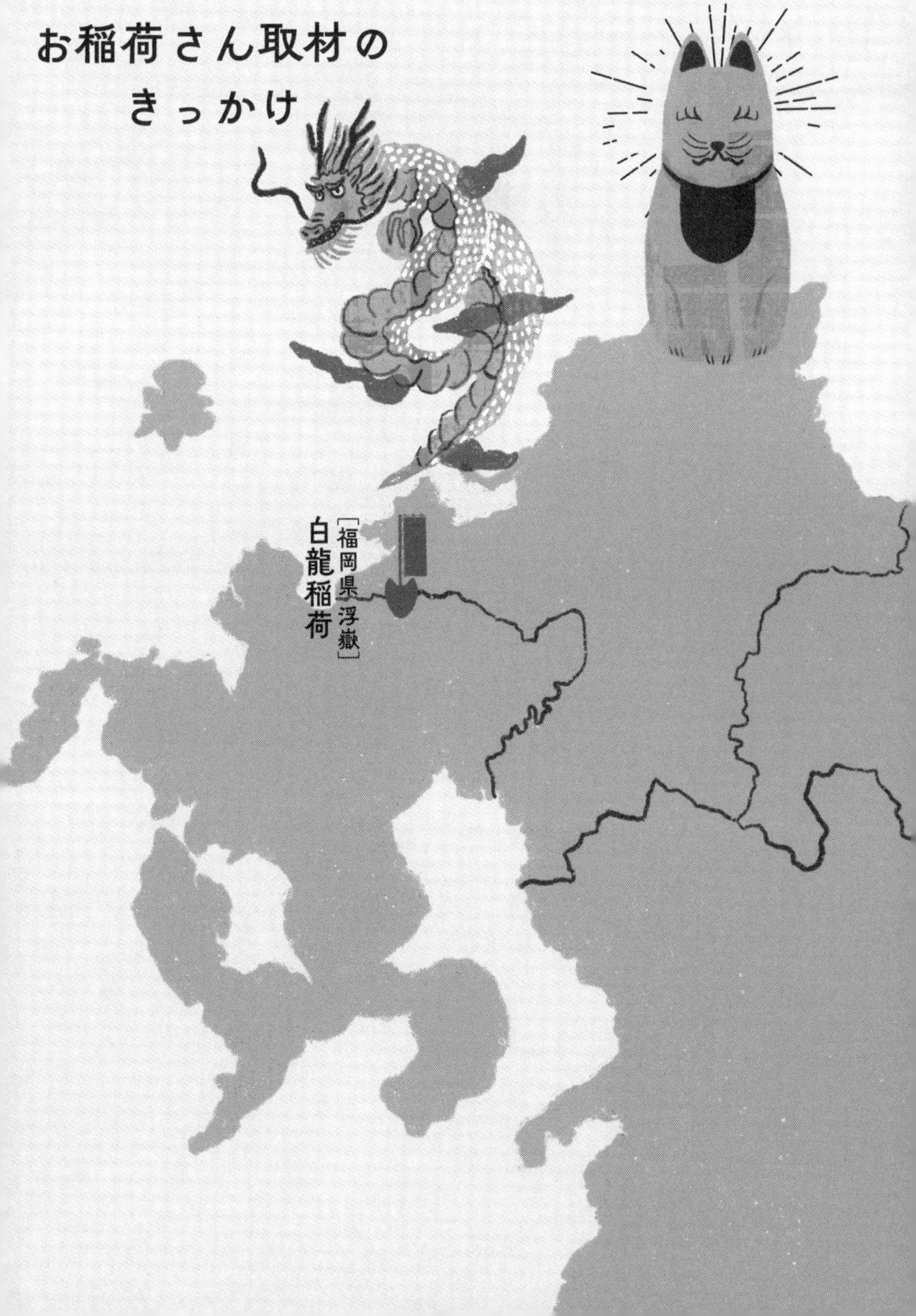

白龍お稲荷さんが我が家に来た

2015年に、群馬県高崎市にある於菊《おきく》稲荷神社から、於菊さんという見えない世界でお稲荷さんのお手伝いをしている女性が、我が家に来たことがあります（『神さまと繋がる神社仏閣めぐり〈ハート出版刊〉』という本に詳細を書きました。大勢の読者さんが参拝してくれたその後のことは『神様のためにあなたができること〈PHP研究所刊〉』という本に書いています）。

於菊さんのような神仏系の尊い存在が訪ねてくるのは、明け方が一般的です。半分目が覚めて、半分寝ている半覚醒状態だと人間は神仏とつながりやすく、しかも明け方は1日の中で一番清浄な時間であるため、より神仏を感知しやすいのです。

今回の白龍お稲荷さんの訪問も、この時間帯でした。

真っ白で大きなお稲荷さんが我が家に来て、ハッキリと「白龍稲荷である」と名乗りました。なんだかすごいお名前だな……と思っていたら、「ついて来い！」と言わんばかりに、スタスタと上空に向かって歩き出しました。

なんだろう？　と思いつつ、黙ってついて行くと、そこにあったのは集落でした。弥生時代後期～古墳時代あたりに作られたと思われる、簡素な造りの家がいくつもありました。

その中に1軒だけ大きな家があります。長老の家でしょうか。横長の屋根の上には巨大な白龍の像が飾られています。屋根の上だし、動かなかったので、私は見た瞬間に作り物だと思ったのですが、あら？ もしかして本物？ という感覚もありました。本物がいるような気配がしたのです。

周囲を見まわすと、どの家にも同じように、白龍像が横長の屋根の上に飾られています。長老の家に比べるとサイズは小さめですが、それでもそこそこ大きいです。どうやらこの集落の人々は白龍を信仰しているようです。

何体もの白龍像が屋根にある集落の光景は迫力がありました。白龍像は真っ白で美しく、ウロコがよくわかるほど精巧に作られているのです。

しかしここで疑問が湧きました。

お稲荷さんは自分の名前を「白龍稲荷」と言いました。我が家に来たのはお稲荷さんなのです。龍ではありません。けれど、見せてくれた集落の信仰対象は白龍です。

どういうことだろう？ お稲荷さんのお社の上空に白龍がいるということをイメージで教えてくれたのかな？ では、この集落の意味は何？ というか、白龍像を屋根に飾っているのは天空に住む人々？ そういう人々がいるの？ とあれこれ考えているところで、パッと目が覚めました。

目が覚めてすぐにパソコンを起動し、インターネットで検索をしました。「白龍稲荷」でヒットした神社は数ヶ所あって、大分県、群馬県、京都府、三重県、長崎県、兵庫県などでした。しかし、どの神社も写真を見ると「違う」という文字が、目の前に浮き出るのです。

この時、私は気づいていませんでしたが、まだ白龍お稲荷さんがそばにいて、正しい場所に導いていたのです。

ここじゃない、ここでもない、と次々に見ていくと、福岡県にもありました。「浮嶽《うきだけ》」という山があり、そこに白龍稲荷社があるのです。マップに書かれている「白龍稲荷」という文字がくっきりと浮いていました。それを見て「ああ、ここなんだ」と確信しました。

浮嶽は山です。登山必須の取材であり、写真を見る限り、ラクに登れるような山ではなさそうです。できれば遠慮したい取材です。けれど、わざわざ私のところに来てくれたのですから、行かないわけにはいきません。

これは……かなりしんどい取材になるだろう、と覚悟しました。

厳しめの登山

浮嶽は800メートルほどの山です。でも、そんなに有名ではないようで、ネットの情報は少なかったです。

ネットで登山口を調べたら、登山口付近にあるキャンプ場のことが書かれていました。そこには駐車場もトイレもあるとのことだったので、とりあえずそのキャンプ場を目指しました。

レンタカーで山道をけっこう走り、やっとのことで到着しましたが、登山者が停められるような駐車場は見当たりません。二股の道を上に行ったところに管理事務所っぽい建物があったので、とりあえずそちらに行ってみました。

しかし、そこにもその事務所専用の駐車場しかなく……どうしよう？　と悩んでいたら、管理事務所からおじさんが出てきました。窓を開けて挨拶をし、駐車場がどこにあるのかを聞きました。

「このへんに駐車場はありますか？」

「え？　駐車場？　駐車場に車を停めてどうするの？」

「浮嶽に登ろうと思うんですけど」

「ええっ！　浮嶽っ！　ここからだとだいぶかかるよ」

「えーっ！　そうなんですか？」

「ちょっと待って」

おじさんはそう言うと事務所に戻り、「糸島の山歩き」というリーフレットを持って来てくれました。開くと大きなマップになっています。

「浮嶽に行くのは、普通はこっちからだね」

おじさんが指差しているのは「白木峠　浮嶽西登山口」というところです。

「みんなこっちから行くけどね。ここから行っても、行けないことはないよ。でもねぇ～、女《め》岳《だけ》を経由していくから……だいぶ遠いよ」

そのマップでは、私がいたのは「つばき橋」の近くでした。たしかにここから行くほうが距離があり、しんどそうです。

「じゃあ、白木峠のほうから行きます！　ありがとうございます！」

というわけで、おじさんにマップをもらって、白木峠へと移動することにしました。ふもとの街からこのキャンプ場までそこそこの距離を走ったのですが、一旦街に戻り、今度は街から白木峠へと向かいます。西登山口に行くまでにけっこうな時間がかかります。

そこで、キャンプ場から街へ引き返している途中で、五芒星お稲荷さんを呼んでみました。

前述したように、五芒星お稲荷さんは私にご縁をくれている神様です。事情があって鎮座していた神社がなくなったため、自由に動けるようになっています。神格が高く、力も強く、神社のご祭神でしたから、眷属を多く従えています。数年前から時々我が家に来てくれるようになり、取材に出る時は必ず守ってくれるという、ありがたいお稲荷さんです。

私のところに来た白龍お稲荷さんが、マップに書かれている浮嶽の白龍稲荷社にいるかどうか、先に確認してもらうことにしました。疑うことなくここまで来ましたが、登山口を間違えていたので、もしかしたら違うのかも？　という気持ちになったのです。もしも違うのなら、登山をする前に知りたいです。

私は人間ですから、その場に行かなければ、浮嶽の白龍稲荷社が目指すお社なのかどうかがわかりません。けれど、五芒星お稲荷さんは一瞬で見てくることができるのです。

私のお願いを聞いてくれた五芒星お稲荷さんは、すぐに見に行ってくれました。そして、戻ってくるなり、

「話を聞いてやれ」

と言ったのです。つまり、我が家に来たのは浮嶽のお稲荷さんで間違いない、ということです。

マップでは、白木峠から浮嶽山頂まで90分と書かれています。白木峠から行くと、山頂を越えたところに白龍稲荷社があります。山頂から少し距離はありますが、片道2時間はかからないだろうと思い、登り始めました。

前日まで雨が降っていたため、地面が適度な湿り具合となっていて、その点では歩きやすかったです。しかし、登山道がいわゆる獣道《けものみち》でした。石畳とか石段があるのではなく、「動物が歩いてできました〜」という道なのです。そういう意味では歩きにくかったです。

年を取ると登山は修行だなぁ、としみじみ思いました。

しんどさが半端ないのです。体がしんどいという意味もありますが、引き返したい、やめたい、という気持ちと闘うのがものすごい修行となっています（笑）。年齢を重ねての登山は心の修行のほうが大きいように思いました。

この登山は正直言って、本当にハードでした。「つらい〜」と泣きごとを言いつつ登っていたら、眷属が励ましに来てくれました。白龍お稲荷さんが、人間に「来い」と言ったことは過去にもあるそうです。でも、ここまで来たのはお前だけだ、と教えてくれました。

たしかに飛行機も車もない昔だったら、江戸からここまでは来られなかったでしょうし、そもそも「白龍稲荷である」と言われても、検索するパソコンがないので、この山を特定するのは無理なように思います。

眷属が、白龍お稲荷さんが褒めていると教えてくれて、頑張れ、と応援してくれたので、元気がもりもり湧いてきました。応援はパワーを与えてくれるのだな〜、と実感しました。

歩いているのは獣道ですから、「これ、どっち？」とか、「道はどこ？」とか、何度も迷いそうになりました。

今回、心からありがたいと思ったのは、木に巻かれている赤いテープや、木に結びつけられている赤い布です。これは登山者が道に迷わないよう、ルートに印がつけられているのですが、本当に助かりました。

迷うたびに周囲を見まわすと、必ずあったのです。赤いテープや赤い布が。おかげさまで迷うことなく「ああ、こっちね」とわかりました。もしもなかったら……これは大袈裟に言っているのではなく、遭難していたかもしれません。

テープを巻いたり、布をくくってくれたりした人、ありがとうございます！　とテープや布に道案内をしてもらうたびに、合掌して感謝をしました。テープも布もなかったら完全にさまよっていただろうと思うと、山で迷うっていうのはこういうことなのか、と登山のおそろしさを知りました。

季節外れでもあったので、山を登っていたのは私1人だけでした。

それなのに……男性が3～4人、グループで登っているような話し声が時々聞こえるのです。さらに、家族連れのような会話も聞こえました。子供が明るく笑って、そのあとで父親と母親らしき話し声がするのです。どうやら天狗がいる山のようです。

話し声がしょっちゅう聞こえてくるので、

「天狗さん、どうして姿を見せないのですか？」

と聞いてみました。

すると、なぜか大天狗さんが分身の術を使って、道の両側に小さな大天狗をずら〜っと並べて見せてくれました。全員同じ顔です。それが、ちょっと驚いたような、「ほぇ？」という顔で、私を見上げています。もちろん全員で、です。

そのユーモアが独特で面白く、しばらく笑わせてもらいました。

明るい気持ちになったところで、あ、そうだ！　天狗は身体能力を上げるのが得意だった！と思い出し、

「大天狗さん、ラクに歩けるようにしてもらえませんか？　いや、それよりも……ちょっと背中を押してもらえると助かるのですが」

と言ってみたところ、

「甘えるな」

と返ってきました。ううう。クールな大天狗さんです。

しかし、肉体は自分で動かさないと修行にならないことは私も知っています。ゼーゼー言

いつつ歩いていたら、大天狗さんが、

「人間は歩かなければいかん」

と言います。

大天狗さんによると、人間の体は運動をして血流がよくなった時に、肉体を健康にするパワーが発生するそうです。運動で血行がよくなり、体の隅々にまで血液が行き渡るこの時に、血栓を溶かしたり、細胞を若返らせたりするパワーが、体の内側から出ると言うのです。歩くことでそれが全身にまわるので、歩くことは大切だそうです。

私に医学的なことはわかりませんが、なるほど〜、と思いました。

よいパワーが全身にまわるから、たまには血流をよくして隅々までパワーを流したほうがいいそうです。山登りに限らず、ウォーキングでもなんでも、運動をすればパワーは出ると言っていました。

登り始めの頃は蜘蛛《くも》の巣が目の前にあったら、手や落ちていた棒でよけていました。なかばを過ぎたあたりから、すでにへとへとですから、「あ、また蜘蛛の巣だー。ンモー、でも害がないからいいわ〜」と、よけることなく進みました。顔やからだにペトッとくっついても平気でした。

振り払う体力がもったいないと思ったのです。蜘蛛の巣くらいでは死なんし〜、とも思いました（笑）。

リーフレットの表示どおり、頂上まで90分かかりました。そこからは下り坂です。ズルズルすべる地質の急勾配を下りていき、やっと！　白龍お稲荷さんのお社に到着しました。迫力のある巨大な岩があって、そこにお社が作られているのです。

その岩は強烈なパワーを放っており、そのへん一帯が特殊な場所という感じです。

お稲荷さんはここに「祀られている」というよりも、ここに「いる」という雰囲気です。勧請をされたから、もしくは、祀られたからという理由でここにいるのではありません。それが明白にわかるのです。

不思議だったので、ご挨拶と自己紹介をしてすぐに質問をしてみました。

「ここにはどのようにして来られたのですか？」

白龍お稲荷さんは、最初に聞くのはそれ？　と思ったようで、やや苦笑気味で教えてくれました。

「白龍の背に乗って来た」

えっ！　白龍の背中に乗って？　お稲荷さんが？

いきなり予想外の答えです。

「えっと？　どこから乗られたのでしょうか？」

「伏見稲荷」

ひえ〜！　なんだかすごい由緒です。京都の伏見稲荷大社から白龍の背に乗って、九州の福岡まで来ているのです。

ここでお稲荷さんはその時の映像を見せてくれました。伏見稲荷大社の後方にある稲荷山から、真っ白で大きな白龍の背に乗ってここまで飛んで来ています。白龍の背中にキツネ姿のお稲荷さんが乗っていて、しゅるるる〜んっと、大空を泳いでいるのです。なんだかワクワクするようなファンタジックな光景です。

その光景を見ていると、どうやら白龍がわざわざ伏見稲荷大社までお稲荷さんを迎えに行ったように見えます。龍がお稲荷さんを迎えに行く……ますます不思議です。

どうして白龍がこの地から、遠い伏見までわざわざ迎えに行ったのだろう？　お稲荷さんに来てもらいたかった理由はなんなのだろう？　と、聞きたいことが次々に湧いてきます。

それらの質問をすべてお稲荷さんにしてみました。その答えはこうです。

ここにある巨大な岩は、古代から「神が宿る」と考えられてきました。もともとパワーのある岩なので、人間には神様が宿っているように見えたのかもしれません。しかし、強烈なパワーを持ってはいるものの、ただの岩です。神様は宿っていません。

けれど、古代の里の人は神様が宿っていると信じて、ここまで一生懸命に登ってきました。登山口まで車で来た私ですら、この登山はむちゃくちゃしんどかったです。古代はふもとである、現在の街から徒歩で登っていたので、かなりハードだったはずです。

里の人はこの岩に祈願をしていました。純粋な信仰心で、戦に勝つことや五穀豊穣、ムラの繁栄をお願いしていたのです。

当時、ここにいたのは白龍の神様だけでした。

疑うことなく岩を信じ、必死で願っている人間を見て……白龍の神様は人間の願いを叶える神様として、お稲荷さんを呼んだのです。白龍の神様が叶えれば話は早いのですが、白龍の神様は里の人の願いを叶えていませんでした。ですから、叶える別の神様が必要だったのです。

どこかから別の神様を迎えることにした、それが伏見稲荷大社だった、というのは「なるほど～」と思いました。古代であっても眷属は大勢いたでしょうし、すでに神様になっている眷属も、神格が高い眷属も少なくなかったのでは、と思います。白龍の神様が来てほしいと言えば、その中の誰かが「ではワシが行こう」と言うはずです。

白龍お稲荷さんは真っ白で、その白色がエナメルみたいにツヤツヤ、ピカピカと光っており、神格の高さがうかがえました。サイズも大きく、力も強いです。

「白龍に来てほしいと頼まれたからここに来た」

そこはハッキリと明言していました。ここに来て、長い間人々の願いを叶えてきたそうです。

ここで私は、白龍さん（ここからは白龍さんと呼ばせていただきます）は、なぜ人間の世話をしないのだろう？　と疑問を持ちました。

龍は自然霊ですから、人間の願いを叶えなくてもまったく問題ありません。けれど、神様となっている龍神なのです。つまり、以前に信仰されていたのです。

神様をやめたのかな、と思いましたが、だとしたら自由に大空を泳いで、あちこちに行ったり、もっと優雅にしているはずです。

私には、白龍さんはなぜか苦悩していたように感じられ、この地域に固執しているようにも思えました。そこで、お稲荷さんにあれこれと多くの質問を重ねました。そこでやっと、遠い古代の昔に、この地域にひとつのストーリーがあったことがわかりました。

時代は、卑弥呼が活躍する少し前です。大陸から多くの人が渡って来た時期がありました。未開の地だった日本に、「自分のクニを作ろう！」「自分の王国を作ろう！」と燃えていた人たちが渡来したのです。

当時の日本人は小さなクニに分かれて暮らしていました。ですから、野心ある大陸の人々も、同じようにクニを作り、クニを大きくしていって領土を広げよう、と思ったみたいです。言葉を変えれば、「開拓しよう」という意識だったのかもしれません。

少人数で来る人もいれば、一族みんなで来る人もいました。

当時、大陸には白龍を守り神にしていた民族がいました（便宜上、この民族を龍民族と呼ぶことにします）。その人たちも日本に自分たちの王国を作ろう、と上陸してきました。その時に、守り神である白龍を大陸から一緒に連れてきたのです。

つまり、白龍の神様は大陸から来た龍民族の守り神だったのです。

白龍の神様には眷属がいて、その眷属も白龍という珍しい龍の一団です。ご祭神は大きな強い白龍さんで、その下に8体の眷属がいます。眷属の体は神様である白龍さんより、かなり小さめですが、それでもパワーがあります。

9体の白龍集団はとてつもない力を持っていました。その白龍集団にガッチリ守られた龍民族が日本にやって来たのです。

龍民族は上陸すると、まず龍民族だけの小さなクニを作りました。

龍民族は当時の日本人に比べ、戦がうまくて強く、それによって領土をどんどん広げました。勢いを増した龍民族は、一時期王国と呼んでもいいくらいにまで栄えました。

しかし、最終的には滅ぼされたのです。現在、一族の子孫はひとりも残っていません。白龍さんが守っていた龍民族はいなくなったのです。


でも、白龍さんはいまだに浮嶽周辺の地域にいます。眷属もです。白龍さんは巨大な力を持っていて（一時期、守っている龍民族に王国を持たせたくらいの強大なパワーです）、眷属ももちろん強いです。

しかし現在、誰ひとりとして白龍さんの存在に気づいていません。ですから、誰も願い事をしないし、手も合わせない、信仰しないというわけです。お稲荷さんはそれを、気の毒に思い、複雑な気持ちで見ています。

お稲荷さんは、ここに神格の高い白龍の大きな神様がいて、従う白龍の眷属たちもいる、パワーがありえないほど巨大であること、大きな願掛けも難なく叶えられる神様であることを、人間に知ってほしいと言います。知らないことがもったいない、というようなことも言っていました。

ここまで聞いて、私には腑に落ちない部分がありました。

そんなに偉大な龍神で、パワーも強大なら、守っていた龍民族がどうして滅びたのか……合点がいきません。

すると、ここで初めて白龍さんが姿を見せてくれました。

おそろしいほどの迫力があり、その作用で「怖い」と思ってしまう龍神です。眠たいようなほんわかした顔ではなく、クッキリとした二重の目で、キリリ！　とした顔をしています。ヒゲがビックリするくらい長いです。もしかしたら、特殊な龍なのかもしれません。

放っているパワーはそのへんにいる龍神をはるかに凌《しの》ぐもので、これほど強い龍に会ったのは初めてです。ごく普通の神様では太刀打ちできないだろうと思いました。想像を絶する力なのです。

これほどの龍神を守り神として持っていた龍民族がどうして滅んだのか……そこがやっぱり気になります。納得がいきません。そこで白龍さんに直接聞いてみました。

「守っていた民族が絶滅してしまったのは、どうしてなのでしょう?」

白龍さんは龍ですから、ベラベラとしゃべらないため、質問を山ほど重ねてやっと全容がわかりました。それはこういうことでした。


龍民族は、大陸からここ日本にやって来ました。よその国から来た、よその国の民族です。日本に移住してきて、まず作ったのは小さなクニです。しかし、どんどんこのクニが大きくなっていきます。

この民族は白龍さんの一団を守り神につけていますから、戦にめっぽう強く、負け知らずでした。近隣のクニと戦をしても、必ず勝つので、領土がどんどん広がっていきます。

龍民族のクニは破竹の勢いで大きくなっていきました。このまま勝ち続けると、龍民族のクニが巨大化し、九州を制圧するかもしれないという〝可能性〟が出てきました。

ここは日本です。それなのに、違う国から来た人たちが九州を制圧するかもしれない、もしかしたらその領土を本州にまで広げるかもしれないという、おそれが出てきたのです。龍民族は外国の民族であって、ヤマト（日本）の民族ではありません。

日本にとって緊急事態といえるこの時に、なんと！　アマテラスさんが白龍さんを説得しに来たそうです。

アマテラスさんはスサノオさんと2柱で、白龍さんのもとにやって来ました（天照大神と言われているアマテラスさんについては『和の国の神さま〈ハート出版刊〉』に、素戔嗚尊《すさのおのみこと》と言われているスサノオさんについては『東京でひっそりスピリチュアル〈幻冬舎刊〉』という本に詳細を書いています）。

白龍さん、アマテラスさん、スサノオさんの3柱で話し合いがされました。その話し合いの結果、ヤマトの国はヤマト民族が治めるべきである、ということになり、白龍さんは合意したのです。

仮に、龍民族が九州だけを制圧し、本州には手をつけないとしても……九州がなければ日本は列島になりません。この国は列島であることが決まっていたのです。

合意した白龍さんは、そこから戦でのサポートを一切しなくなりました。それゆえ、一族は滅びたのです。

この説明をしてくれた時に白龍さんが言った言葉が印象的でした。

「ヤマト（日本）は特殊な国だ。神に守られている国である」

「えっと……すみません、お稲荷さんがわざわざ私を呼んだということは、白龍さんの存在を知り、そして信仰すべき、と言っているのでしょうか？」

お稲荷さんに質問をしたつもりでしたが、白龍さんが答えました。

「信仰してほしいとは思っていない。だが、人間の世話はしてやりたい」

「え？　人間の世話をしてやりたいって……。えっと？　龍の神様なのに、ですか？」

あまりにも私が驚いたので、白龍さんもビックリしています。

「お前の知っている龍はそうではないのか？」

「はい！　龍はクールな神様が多いです！　人間の世話をしてあげようと、自分から言う龍は……いることはいますが、そんなに多くないように思います。というか、まれです」

ここで初めて白龍さんが笑いました。


会話をしているうちにわかったのですが、お稲荷さんが我が家に来た時に見せてくれた映像は、龍民族の集落でした。一番大きくて広い家は民族の頭領のものであり、屋根の上に置かれていた白龍像はご祭神というか、この白龍さんのためのものです。

龍民族は、霊能力のある人が生まれる家系が多かったそうです。先祖から受け継いできた信仰で（先祖が白龍さんと独自の契約をしたみたいです）、自分たちには白い龍神の集団がついている、守ってくれている、ということを知っていました。

それで、屋根の上に「宿れる場所」を作っていたのです。頭領以下、実力者の家にも小ぶりの白龍像が置かれ、そちらは眷属のための宿る場所でした。

みんなが願掛けをしていたのは、頭領の家の白龍像です。

〝屋根の上〟に像を祀っていたというのが、龍を知り尽くしているな〜、と思いました。家の中ではないのです。建物の中だったら、この白龍さんは宿ることができません。

私は最初にこの集落の映像を見た時、お稲荷さんに、上空の世界に連れて行かれたのだと思いました。別次元と言いますか、違う世界だと思ったのです。屋根の上にいるのは本物の龍という感覚があり、上空の世界には上空の人々がいるのだろうと解釈しました。

そうではなくて、私が連れて行かれた……見せてもらったのは過去だったのです。遠い昔の日本の北部九州に行って、そこに実際にいた、大陸から来た一族の集落を見たのでした。

頭領の家はものすごく大きかったです。お屋敷です。周囲の家はそんなに大きくなかったのですが、でも現代の家よりははるかに広かったです。

龍民族が強かったのは当たり前という気がします。パワー絶大の白龍さんをつけていたからです。本当に一大王国を作りつつあったのでしょう。

このままだとこの民族が九州を平らげてしまう、九州が大陸の属国になってしまう……ということで、アマテラスさんとスサノオさんが白龍さんに手を貸さないよう説得に来たわけです。

白龍さんが戦をサポートしなくなったから、そこから龍民族は戦いに負け続け、絶滅したのでした。

「白龍さん、もしも失礼だったらすみません」

と前置きをして質問をしてみました。

「龍民族がいなくなったのだったら、里の人が登ってきて、岩に向かって五穀豊穣とかをお願いした時に、どうして叶えてあげなかったのでしょうか？」

「彼らは岩に向かって、岩の神に願っていた。ワシにではない」

「なるほど、わかりました。白龍さんは大陸から来ているのに、よく伏見稲荷を知っていたな〜、と思います。どうやってお知りになったのですか？」

白龍さんは自分たちが守っていた龍民族が全滅したあと、ヤマト……日本という国を隅々まで見てまわったそうです。その時に、稲を実らせる神様が伏見にたくさんいるということを知ったのでした。

この山は登りもハードでしたが、下山もしんどかったです。傾斜がきつくて、ずるずる滑る地質ですから、転ばないよう神経を使いました。積もっていた枯葉もつるりんっと滑るので、用心していても尻もちをつきました。しかも2回もです。

手もズボンも泥だらけになりました。お稲荷さんが、気をつけなさい、と言ってくれたそのあとで、

「なぜ、そんなに急いで下山をするのか？　急ぐから転ぶのだ」

と言われました。たしかにそうです。ゆっくり歩けばいいものを、ついクセでタッタッタッと小走りで進むため、つるんと滑って、ずべーん！　と転ぶわけです（笑）。

落ち着いてゆっくり歩きつつ、白龍さんに聞きました。

「人間の世話をしてやりたいと思っているということは、人間と関わりたいということでしょうか？　守っていた民族がいなくなったから、寂しいとかあるのでしょうか？」

白龍さんは照れたような笑顔で私を見ています。

「人間と話をするのも、笑ったのも、久しぶりだ」

「そうなんですね！」

「何百年ぶりだろう」

「何百年ぶり……ということは、龍民族がいなくなったあとに会話をした人間がいたのですね。私の前に白龍さんと話をした人って、どんな人物だったのですか？」

白龍さんはその人物を映像で見せてくれました。それはなんと！　役行者《えんのぎょうじゃ》さんでした！

「その人が、私の前に白龍さんと話をした人物ですか？」

「そうだ」

ひ〜え〜！　そうだったんだ！　と心底驚きました。

役行者さんは白龍さんやお稲荷さんに呼ばれたわけではなく、岩のところにお稲荷さんがいるのを見て、お堂を建てたそうです（役行者さんについては『おみちびき〈宝島社刊〉』という本に詳しく書いています）。

すごい！　さすが役行者さんだ！　と思いました。

役行者さんはたぶん空を泳ぐ白龍さんを見て、この山に登ったのでしょう。そこで岩に宿っているお稲荷さんを見つけ、お堂を設置したのだと思います。お堂ができたおかげで、里の人にもお稲荷さんがいることがわかり、それからは里の人は岩ではなくお稲荷さんを信仰するようになったのです。

役行者さんにはもちろん白龍さんも眷属も見えていました。白龍さんの強大なパワーもわかっていたため、

「白龍の神がここにいることを、人間にわかるようにしましょうか?」

と聞いたそうです。

白龍さんのお堂を建てれば、白龍さんがいることがわかります。強大なパワーを持った龍神なので、そのままにしておくのはもったいない、お気の毒でもある、もしよかったらそうしましょうか? という気持ちだったのでしょう。

「その時はまだ、今のような気分ではなかった」

白龍さんがちょっぴり悲しそうな表情になりました。

え? なんで? 龍民族がいなくなって、まだそんなに年月がたっていなかったから?

と考えたところで……気づきました。

白龍さんは龍民族を大事にしていました。民族のみんなから「白龍さん」「白龍さん」と純粋な信仰を捧げられて、畏《かしこ》まれ、敬《うやま》われてきたのです。ずっと守って来た大切な一族でした。それを滅ぼしたのは……ヤマト民族です。

守っていた大事な一族を滅ぼしたヤマト民族の願い事を叶えるとか、ヤマト民族のために働くのは、抵抗があったのかもしれません。もしかしたら龍民族に義理立てしていたのかもしれないです。そこをお聞きすると、

「うむ……」

気まずそうなひとことが返ってきました。

龍民族が戦に負け続け、頭領が死ぬ時に、「どうして守ってくれなかったのだ！」「なぜ勝たせてくれなかったのか！」と、白龍さんに文句を言っていれば、まだ救われていたのかもしれません。

けれど実際は、頭領は白龍さんにお礼を言いました。「ここまで守って下さって、ありがとうございました」と。

アマテラスさん、スサノオさんとの会談は人間にはわからないことです。でも、頭領はうすうす感じていた様子だったと言います。白龍さんがいきなり守ってくれなくなったのは、きっと深い理由があるのだろう、と白龍さんのすることを信じていたのです。

そこまで白龍さんを信頼していたわけです。

だから最後は「ありがとう」だったのです。もしかしたら、死ぬ時に「守ってもらえないのは、正当な理由があるのでしょう」と言ったのかもしれません。

うわぁ、白龍さん、つらいな！　と、聞いていた私まで心が痛みました。

ヤマト民族は、大事な自分の龍民族を滅ぼした相手です。里の人の願掛けを叶えるのは……龍民族に申し訳ない、という気持ちがあったのですね。ですから、里の人は岩に願っているのだ、自分に願っているのではない、と思うようにしていたわけです（事実そうなのですが）。

けれど、白龍さんは神様です。一生懸命に岩に願う人たちを見ていると、里の人たちの信仰心も厚く、ピュアであることがわかります。それで、無視できない、放っておけない、ということで、お稲荷さんを迎えに行ったのでした。

白龍さんの身になると、つらかっただろうなと思います。

戦に手を貸さないと決め、守ることをやめたのに、白龍さんを信じていた人たちは最後まで信仰を貫き通し、お礼を言って死んでいったのです。想像したら涙が止まりません。

お稲荷さんによると、やっと最近、白龍さんの心が癒えて元気になってきたそうです。人間の世話をしてもいい、というところまで回復しました。２０００年以上の時が必要だったのですね。１０００年では足りなかったのです。

つまり、役行者さんが来た時はまだ癒えていなかった、というわけです。それで役行者さんはお稲荷さんに呼ばれなかったのです。

「この国のために尽力してもいい」

白龍さんがそう言って、ニッコリした笑顔は輝いていました。

威厳があって、見た目は怖い感じの龍神ですが、優しさがにじみ出ていて、なんとも言えないあたたかさを覚えます。頼りになりますし、思いやりや愛情が深い神様でもあります。

お稲荷さんに、

「すみませんが、私、もうここには来られないです。また『来い』と言われても、もう無理です。二度と登れません。この山、厳しいから～」

とはっきり伝えました。初回はどんな山なのか知らずにいたから登れましたが、知っていて登るのはかなりきついです。しかも体力的にも限界です。下山する時は足が痛かったし、2回も転びました。

お稲荷さんは明るく笑って、「今回来てくれたから、もうこれでいい」と言います。そして、白龍さんのことを広く伝えてほしい、と頼まれました。「お前が来てくれてよかった」とまで言われて、光栄に思いました。

最後にお稲荷さんが、

「ありがとう」

と言ってくれて嬉しかったです。

お稲荷さんは長い間、傷ついた白龍さんを見てきて、心から心配していたのだと思います。やっと回復したようなので、もっと元気になってほしいと思ったのでしょう。優しいお稲荷

さんです。

浮嶽の山頂にあるお社で手を合わせると、声は白龍さんに届きます。山頂まで登れば１００％白龍さんとつながれるのですが……登山はハードすぎて、一般の人には無理だと思います。

そこで、白龍さんに手を合わせる場所を聞きました。もらったマップを見たら、車で行けるところに「浮嶽神社」があります。

「浮嶽神社の里宮がありますが、そこはどうでしょう？」

この神社には氏神として、小さな神様が入っているそうです。なので、そこで手を合わせると氏神様につながるそうです。白龍さんではありません。

白龍さんに声が届く場所は「浮嶽登山口」の看板があるところです。ちょっとした駐車場のようになっていて、10台くらい停められます。ここの脇道から浮嶽が見えますし、上空を泳いでいる白龍さんもよく見えます。

ここで手を合わせれば白龍さんに声が届くそうです。白龍さんを応援したい人も、願掛けをしたい人もここで問題ありません。ただし、龍民族の話はNGです。思い出させて悲しい思いをさせてしまうからです。

ヤマト民族として謝る必要もありません。謝罪は、アマテラスさんとスサノオさんがしているからです。私たちは素直に、龍神としての白龍さんにお願い事やお話をするだけでいいのです。

ちなみにお稲荷さんに願掛けをしたい人は、山に登ってお社まで行きます。お稲荷さんの神域はお社周辺だけだからです。非常に強い神様なので、難しいと思われる願掛けも大きく叶えてくれます。

浮嶽に人知れずいる白い龍神と、龍神のことを心配していたお稲荷さん、どこまでも優しい2柱の神様の感動するお話でした。

第3章

東日本編

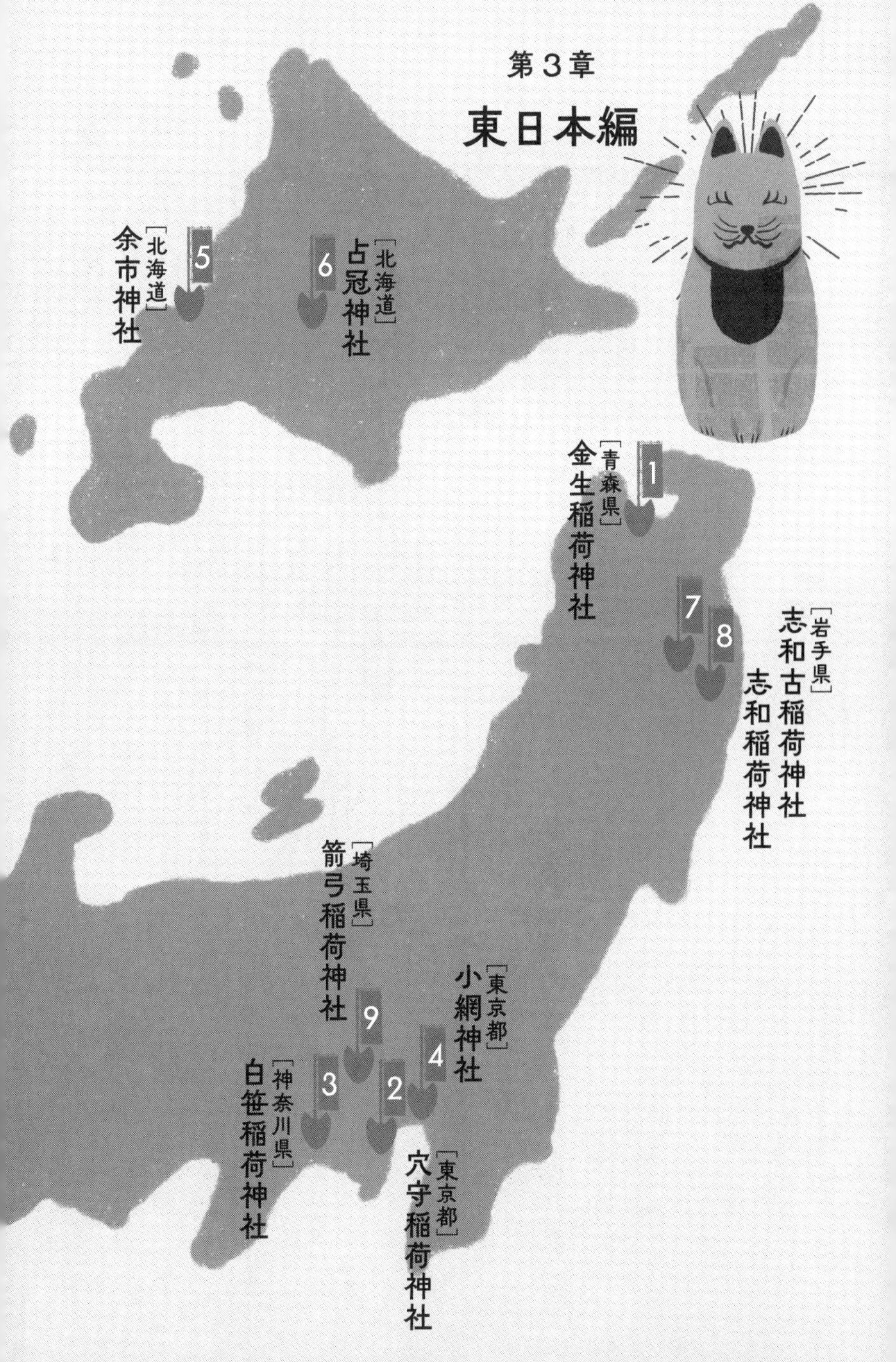

5
[北海道]余市神社
6
[北海道]占冠神社
1
[青森県]金生稲荷神社
7
8
[岩手県]志和古稲荷神社
志和稲荷神社
9
[埼玉県]箭弓稲荷神社
4
[東京都]小網神社
3
[神奈川県]白笹稲荷神社
2
[東京都]穴守稲荷神社

金生稲荷神社

青森県青森市長島2丁目13の6

青森市で取材をしていた時に「廣田神社」に行きました。すぐそばにある金生《かねうみ》稲荷神社のことはまったく知らず、到着してからお稲荷さんがあることに気づきました。

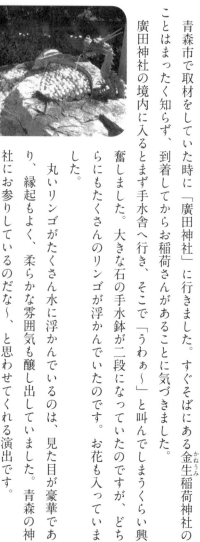

廣田神社の境内に入るとまず手水舎へ行き、そこで「うわぁ〜」と叫んでしまうくらい興奮しました。大きな石の手水鉢が二段になっていたのですが、どちらにもたくさんのリンゴが浮かんでいたのです。お花も入っていました。

丸いリンゴがたくさん水に浮かんでいるのは、見た目が豪華であり、縁起もよく、柔らかな雰囲気も醸し出していました。青森の神社にお参りしているのだな〜、と思わせてくれる演出です。

拝殿には変わった形のしめ縄が掲げられていました。1枚の大きな四角いのれんのようで、上半分は編み込みとなっており、下半分

には細い縄がたくさんつけられています。作るのに手間がかかっただろうな、と思わせるしめ縄です。

手を合わせようとして拝殿の中を見たら、大きなねぶたの提灯が左右に掛けられていました。私はねぶた祭を見たことがないので、興味津々です。左は鬼のような顔で、右は翁のような老人の顔でした（どちらも顔のみです）。

臨場感あふれる絵が素晴らしく、見事な芸術作品であり、しばらくぼ～っと見とれました。なんとも言えない魅力があるのです。

しばらくして、「あ、ご挨拶がまだだった」と気づき、あわてて手を合わせました。

祝詞を唱えていると……どこからか……強烈な波動が流れてきます。拝殿からではありません。私が立っている左側後方なのです。そこにものすごいパワーがあるのがわかります。なんのパワーだろう？　と思いつつも、祝詞を続けていたら……今度はそこに巨大なお稲荷さんが見えました。

ひいぃーーー！　でかっ！　というのが最初の印象です。次に

「珍しい」と思いました。お稲荷さんが茶色なのです。パワーが枯渇して茶色になっているのではなく、もとから茶色です。ですから、毛には光沢があってツヤツヤしていますし、パワフルに鎮座しています。

廣田神社の神様がよくわからない、というくらい、お稲荷さんの波動が強いのです。来た時に、稲荷神社は境内社だと思っていただけに、驚きは大きかったです。

別の神社？　と思い、廣田神社の境内にあった「境内案内図」を見ました。そこには境内にある5社をすべてお参りするのが正式な参拝であると書かれており、お稲荷さんは「二番社」となっていました。やはり境内社なのです。

でも、お稲荷さんのお姿は廣田神社の拝殿よりも大きく、ここまで強いお稲荷さんに会うのは久しぶりです。

これは！　絶対に参拝しとくべき！　とあわててそちらに向かいました。

授与所があったので、先に何気なくのぞいてみたら、金色のお稲荷さんのおふだがありました。「金生稲荷神社」と書かれていて、授与品の説明には「～金を生む稲荷さま～　金生稲荷神社」とあり、なんて縁起のいいお名前！　ということで、ごりやくに期待が高まります。

私は御朱印を集めていないので普段は買わないのですが、ここの金色の御朱印は縁起物だったので、即買いしました。「願掛け金狐」（願い事を書いて奉納する小さなキツネ像です）も、運気アップの波動を放っていたので購入しました。

この時はまだ、縁起のよいお名前だし、大きなお稲荷さんだから、ちょっと手を合わせておこうかな、くらいの考えでした。

お稲荷さんのお姿を見ただけでわかったのは、昔どこかの稲荷神社の眷属だった、そこからコツコツと修行をして大きくなった、というお稲荷さんではない、ということです。自然霊なのです。体の色は茶色ですが、毛並みや毛ヅヤはバッチリで、従えている眷属たちも全員茶色です。

ご挨拶をしたあとで、質問をしてみました。

「金運にごりやくがある神社と書いてもよろしいでしょうか？」

「うむ」

威厳のあるオーラを身にまとったお稲荷さんですが、声は優しいです。

「ここの金運のごりやくはどのようなものでしょうか？　現金が入ってくるとか？　でしょうか？」

なにせ「金生稲荷」です。つい現金をイメージしてしまいます（笑）。お稲荷さんは苦笑しながら、

「与える方法はいろいろだ」

と言います。どのような金運を与えるのか、その種類や与える方法は神様が考えるとのことです。予想もしていなかったところから現金が転がり込んだり、給料が上がったりとかいろいろあるみたいです。大金が手に入る一時的なごりやくもあれば、じっくりと段階的に裕福にしてくれるごりやくもあるそうです。

金運の祈願を叶える、とハッキリ言う神様ですから、期待できます。

ただし、このお稲荷さんはやや厳しめです。曲がったことがお嫌いなようで、人に意地悪

をするような人はごりやくをもらえません。

お稲荷さんも性質はいろいろですから、ニコニコしているお稲荷さんもいれば、おっとりした柔らかい感じのお稲荷さんもいます。ここのお稲荷さんはピシッとしています。ダメなものはダメ！　という感じで、気持ちがいいほど白黒ハッキリしています。

この神社での参拝のコツは、授与品を先に買うことです。お稲荷さん本人がそうしなさいと言っていました。買った授与品を持って、社殿に行きます。ご挨拶をして、願掛けをし、それから授与品の包装を開いて、神前の空気を授与品に当てます。

こうすれば、その時に濃い波動を入れてくれるそうです。

濃い波動を入れる理由は、眷属を時々行かせるからだと言っていました。どうして眷属を行かせるのかというと、金運を与えるかどうか、与えるとしたらいつがいいのか、どのような金運がベストなのか、与える方法はどうするか、などを決めるための調査だそうです。

私もお稲荷さんに言われた通りにしました。願掛け金狐は透明の袋に入っていたので、そこから取り出して波動を入れてもらいました。御朱印も「出せ」と言われたので、クリアファイルから出して、神前でひらひらさせました。

先に授与品を買い、それから社殿に行ってお願いをし、お願いをしたあとで授与品をすべて袋から出す、この順番です。

ピシッとしたお稲荷さんですから、叶える時もピシッと叶えてくれます。頼りがいのある神様です。祝詞を唱えていたら、ふわふわふわ〜と眷属があちこちから飛んできました。眷属の数も多いです。

稲荷神社の横には池があり、その真ん中にもお社がありました。「弁天さんかな〜」とそちらを見ていたら、お稲荷さんが、

「龍はいないぞ」

と言います。え？　龍？　弁天さんじゃなくて？　とよく見ると、鳥居に「龍神宮」と書かれていました。たしかに龍はいませんでしたが、一応写真を撮りました。稲荷神社の裏には石碑もいくつかありました。

廣田神社ができる以前に、すでにお稲荷さんはここにいたようです。自然霊のお稲荷さんなので、もともとこの地域にいた、もしくはここはテリトリーの一部なのかもしれません。

ここまでは、強いお稲荷さんだったな〜、というお話で終わりでした。日本全国をまわっていると、強いお稲荷さんにもけっこう出会います。その中の1柱という感じでした。

しかし！　このあとで、ごりやくがすごい！　ことが判明したのです。

私は老後のために、株をほんのちょっとですが買っています。ここに書くのがためらわれ

るくらいの少額です。しかもですね、株の勉強をまったくしていません。チラッと本を読んだことがあるのですが、難しいのです。つまり、直感で買っているので……儲けはありません。サッパリです。

ビビりの私は元本割れとなるのを恐れて、誰もが知っているような企業の株を買っています。素人考えですが、そのような企業はいきなり経営が傾くことはないだろう、と思っているからです。

株式投資を始めてから知ったのですが、株価って意外と大きく上下しないのですね。いくらか上がっても数日後には下がっている、みたいな感じで、株価は上昇したり下降したりを繰り返し、結果的に大幅な上昇はありません（私が持っている株の話です）。

株で儲けたという人は、大金を投資して、ちゃんと勉強もしているのでしょう。

このような感じで、私は儲けとはまったく縁がなく、たまに評価額を見ると、ちょっと金額が増えている程度の株式投資なのです。

それが、金生お稲荷さんに参拝した翌日にふと見ると、「は？」と一瞬、目を疑うほど株価が上がっていました。大幅に上昇しています。爆上がりです。本当にありえない上昇率で、うわぁぁぁーーーーー！　と叫んでしまうほど〝儲かって〟いました。評価額が1・5倍になっていたのです。

やったー！　バンザーイ！　ウヒヒヒー、と喜びを噛みしめ、そのまま数日様子を見ました。まだまだ上がりそうな気配です。こりゃ、今売ったら損だな、もうちょっと様子を見よう、こんなに儲かってもいいのかな、とほくそ笑んでいたところ……きっちり2週間後に、大幅に下落してもとに戻りました。

この時も「は？」と目が点になりました。

2週間以内に売っていれば大きく儲かっていましたが、変に欲張ったせいで、儲けはほぼゼロになったのです（泣）。ごりやくとわかっていたのに、どうして売らなかったのか……と後悔しました。

けれど、金生お稲荷さんのパワーの強さ、力の大きさはしっかりとわかりました。すごい神様なのです。

ちなみに参拝した翌日に、重版が決定したという連絡も入りました。株価を上げて儲けさせてくれて（売っていれば儲けがありました）、それだけでなく重版までしてくれるという、ダブルでごりやくをくれたのです。

私は、大きなお金を与えるべきではない人物だそうで、それでごりやくがこの程度でしたが、大きなお金を与えてもいい人には巨大なごりやくをくれると思います。

そしてですね、またまた驚くことに、この原稿の金生お稲荷さんのところを書いている時に、なんと！　重版の連絡が入りました。めったにしてもらえない重版です。それなのに金生お稲荷さんに関わっている時に2回もあったのがすごいです。

ここだけの話、本を発売する前にもう1回行っておきたい～！　と思っていましたが、遠く離れた土地にあるためチャンスがなく、「ううう」と涙を飲みました。

穴守稲荷神社

東京都大田区羽田5丁目2番7号

この神社は、東京のお稲荷さんのテーマパーク、と言っても過言ではありません。順を追って紹介していきます。

南参道から境内に入ると、二の鳥居のところに狛狐像があります。左側「うん」が超ハンサムで、一見の価値ありです。眉がキリリとしていて、ビックリするくらいの男前ですから、思わず見とれてしまうと思います。右側の「あ」は女性を表しているらしく、子狐を抱いていました。

まずは拝殿でご挨拶をして、それから右にある千本鳥居のところへ行きます。

千本鳥居の横には4社の境内社が縦に並んでいて、手前から「必勝稲荷」「開運稲荷」「出世稲荷」「繁栄稲荷」というお名前でした。鎮座しているのは、昔のお塚信仰のお稲荷さんです。けれど現在はすべてご祭神のお稲荷さんの眷属になっています。

4社の境内社と千本鳥居の中間には、ミニサイズの小さな鳥居がずら～っと並べられていました。千本鳥居はまっすぐに並んでいますが、ミニ鳥居は曲線を描くように置かれていて、可愛らしくもあり、また風情もあります。じっと見ていると、ウキウキするような気持ちになるので、じっくり観賞することをおすすめします。

時間があれば、4社すべてにご挨拶をすると喜ばれます。縁起のよい名前をつけてもらって

いるので、名前に特化したごりやくを与えようと頑張っているお稲荷さん方です。

必勝、開運、出世、繁栄で運気が上向きになります。

4社でのご挨拶は、一般的な2礼2拍手1礼だけでかまいません。お話をしなくても、願掛けをしなくてもオーケーです。でも、特別にごりやくをいただきたいという人は、しっかりお願いをすると力になってもらえます。

ちなみに、祝詞は拝殿で1回唱えるのが基本です。拝殿でご挨拶とともに唱えると、すべてのお稲荷さんに唱えたことになるので、個別に境内社でもう一度唱える必要はありません。

千本鳥居の突き当たりは「奥之宮」で、その横から稲荷山に上がれるようになっていました。稲荷山といっても高さが3階ほどの建造物です。屋上に行くような感覚で階段を上がっていきます。

稲荷山の頂上には「稲荷上乃社」という扁額が掲げられている小さなお社がありました。稲荷山の頂上、一番高い場所ということで、ご祭神がいると思うかもしれませんが、違います。ご祭神は常時本殿にいて、ここには見張りの眷属がいます。物見櫓《ものみやぐら》の担当という感じです。

頂上には小さな「御嶽神社」もありました。こちらは岩が祀られていて、そばに大きな石碑が置かれていました。

稲荷山のてっぺんまで行ったら階段を下り、最後のお参りをするところ「御神穴」に入ります。ここは稲荷山の横にある建物の1階部分ですが、ここが一番高波動でした。パワーある強い眷属が全員ここに集まっているのです。

一の眷属のみ、本殿でご祭神のそばにいますが、他の上位クラスの眷属や、神様になっている眷属などは、すべてこちらです。もちろん、それよりも下のクラスの眷属もいますし、自然霊から眷属になっているもののもここにいました。

ですから、波動が「うひゃ〜っ！」というほど高い、というわけです。

ここではありがたいことに、「清め砂」をもらうことができます。御神穴の真ん中にはお社があり、その手前の左右に、砂が入った容器が置かれています。容器の中には砂をすくうおたまが入れられていて、持ち帰りできるよう小さな紙袋も用意されていました。なんて親切なのかしら♪　ということで私も砂をいただいて帰りました。

砂は左右同じ効果ではありません。左にある砂は「気」がサラサラしていて、スッキリ爽やかです。右の砂はこってりと濃厚です。その理由は、右の砂の周辺でご神気が渦を巻いて

いる作用があるのと、近くにものすごく強い眷属がいて、特別にパワーを入れているためです。
どんよりと気が滞った部屋を浄化したい、憑いているよくないものを祓いたい、という目的なら、右の砂をいただいたほうがいいです。部屋をさらっとした軽やかな状態に保ちたい、明るく浄化したいという場合は左です。
中央のお社のところに、ダキニ天さんの小さな像が置かれていましたが、ダキニ天さんはいませんでした。

この神社は文化文政の頃に創建されたそうで、そんなに古くはありません。けれど、神社の歴史や規模に合わないくらいの、たくさんの眷属がいます。神格が高い眷属も少なくないです。
京都の伏見稲荷大社をはじめ、佐賀の祐徳稲荷神社など、大きな稲荷神社には歴史があります。長い年月の間に徐々に眷属が増えていき、それで大きくなっているのです。けれど、穴守稲荷神社は歴史が浅いのに、大きな神社です。どうしてここまで眷属の数が増えているのか、その理由をお聞きしました。以下はご祭神であるお稲荷さんの説明です。

昔から、お稲荷さんを信仰する人は少なくありませんでした。さらに一時期、稲荷信仰が大流行しました。その時に自宅に祀りたいからと、伏見稲荷大社に行って、〝個人的〟に勧請をした人がけっこういたのです。

東京は江戸時代から人口が多かったため、このように個人で勧請をする人も多くいました。しかし、勧請をしたものの……正しく祀らない、お世話をまったくしない、信仰をやめてしまうなど、お稲荷さんを大切にしない人がいました。信仰に飽きてしまう人もいました。そうなるとお稲荷さんはその家を離れます。

行き場を失ったお稲荷さんは、通常だったらもといた神社に帰ります。かつていた神社に戻って、また眷属として働くのです。

伏見稲荷大社から個人的に勧請をされて、東京に来たお稲荷さんの半数は、伏見に戻ったそうです。でも、残りの半分は東京に残りました。せっかく来た東京（江戸）ですから、ここでもう少し頑張りたいと思う眷属がいたのです。東京（江戸）が好きになったから、この土地にいたいという理由もあったようで、理由はさまざまですが、残ることを決意した眷属が半数でした。

しかし、東京に残るといっても、さしあたって行くところがありません。

というわけで、このようなお稲荷さんが集まった場所が穴守稲荷神社なのです。受け入れ態勢が整っていたため、気兼ねなく行ける……ということで、多くのお稲荷さんが集まりました。

ご祭神のお稲荷さんに聞くと、伏見稲荷大社と同じように、ここにも自主修行をする眷属がいるとのことです。気に入った人について行き、その人を守るのですね。21ページ（眷属の自主修行）で説明したように、もしも、そのようなお稲荷さんに守ってもらえたら、人生は好転します。

そのチャンスがある稲荷神社です。羽田空港の近くなので、東京に行ったついでに寄ってみるのもいいと思います。

白笹稲荷神社

神奈川県秦野市今泉1089

関東三大稲荷のひとつとされている神社です。関東三大稲荷は諸説あるようですが、笠間稲荷神社（茨城）、王子稲荷神社（東京）、そしてここ白笹《しらささ》稲荷神社が一般的みたいです。

参道脇には竹を組んだ手水舎があり、風情があるな〜、と手を清めました。拝殿前に行くと、お賽銭箱の向こうに竹が2本、左右に吊るされていました。けっこう太い竹で目立ちます。はて？　これは一体なんだろう？　と調べてみたら、お供え物をするための竹でした。

竹はストーンとした、物干し竿のような1本が吊るされているのではなく、枝の部分が何本か残されています。何かを引っ掛けられる枝というか、引っ掛け棒があるような感じで、そこに油揚げを刺してお供えするそうです。

初午祭《はつうま》の写真を見たら、たくさんの油揚げが刺さっていました。

独特のお供え方法で、参加するのも楽しそうです。

拝殿でご挨拶と自己紹介をし、社殿を見ていたら、強力な磁力に引っ張られました。大きなパワーが社殿後方（やや右寄り）にあるのです。なんのパワーだろう？　ということで、ご祭神に話を聞く前に行ってみました。

拝殿の左側にある何本も並んだ鳥居をくぐって下りて行くと、本殿の裏に「東末社」という小さなお社がありました。お社は小さいのですが……ここがすごいのです。

まず、鎮座しているお稲荷さんの神格が驚くほど高いです！　しかもパワーが「うわぁ！」と、あとずさりするほど強大で、これほどのお稲荷さんがどうして末社におられるのだろう？　と思いました。

あとからわかったのですが、本殿にいるのは伏見稲荷大社から来たお稲荷さんで、ここにいるのは自然霊のお稲荷さんでした。

自然霊のお稲荷さんは眷属だったという経験がありません。ですから、ここでもご祭神の下として働いているのではなく、別の神様として活動しています。たまに一緒に仕事をすることも……ないこともないそうですが、完全に別の稲荷神社なのです。

東末社の神前にも竹が左右に吊り下げられていました。狛狐が2組置かれていたのですが、奥の狛狐が変わった姿です。そばにあった説明によると、コンクリート製だそうです。明治5年にイギリスから初めてコンクリートが輸入されて、そのコンクリートによって作られた狛狐なのでした。

でも……その姿が……とても狐には見えないという……。鼻は豚のようですし、耳も狐っぽくなく、足の指には水かきのようなものがあります。違和感だらけの狛狐ですが、なんとなく微笑ましい姿で、眷属もちゃんと宿っていました。

ここにあるキツネ像は、狛狐に限らずほぼすべてに、束になった稲穂が首につけられていました。縁起がいいです。しっかり実った稲穂をつけているキツネ像を見て、私たち参拝者が期待に胸をふくらませるのが、眷属たちは嬉しいようです。その期待に応えるために、眷属たちは一生懸命頑張っているとのことです。

この「実り」は経済的なものがメインですが、「運気」の実りもあります。不運続きの人にはありがたいごりやくですね。運気の実りがほしい場合は、そのようにお願いをするといいです。

東末社の向かいにある「狐塚」のことも書いておきますと、ここには膨大な数のキツネ像が奉納されていました。ずら～っと置かれたキツネの像は見た目も美しく、迫力があります。ここは眷属の休憩所となっていました。休憩所というか、家というか、リラックスハウスなのです。

ご祭神の眷属も、東末社の眷属も、もうひとつの境内社「権兵衛稲荷」の眷属も、みんな仲良くここにいます。和気あいあいとした雰囲気でなんともいい感じです。

このお塚を見ている時に、いきなりくしゃみが出ました。風邪をひいているわけでもないし、寒くもなかったし、この時期の植物にアレルギーもありません。なんで？　と思う間もなく、周囲から一斉に「おめでとう」「めでたい」「よかったな」という声が聞こえてきました。

全部の眷属をまとめている眷属のリーダーに、どうしてお祝いされたのか質問をすると、すべての邪悪なものを落としてもらえたからである、と言われました。

この神域（東末社の前あたり）で、くしゃみが出たら、それは東末社のお稲荷さんが出させたくしゃみだそうです。その人に頑固にこびりついている、人に飛ばされた悪念や黒い念を落とすための処置なのです。上昇しようとする運気を下へと引っ張るものも、幽霊などの憑きものも、くしゃみと同時に落ちるそうです。

落ちたものは、即座にここにいる大勢の眷属たちが処理をしてくれます。というわけで、ここでくしゃみが出たら一斉に「おめでとう」と言われるわけです。東末社のお稲荷さんが与えてくれるごりやくのひとつで、ありがたいことだと思いました。

東末社の前をうろうろしたけれどくしゃみが出なかった、という人は、上昇する運気を引っ張るものがない、人の悪念がこびりついていないということです。


力を持った自然霊のお稲荷さんが、どうして末社のような小さなところにいるのか、不思議だったのでその理由をお聞きしました。

大昔、神仏を見ることができた男性がいたそうです。その人は自然霊であるこの稲荷さんを見つけ、自分を守ってほしいとお願いをしました。男性は大変心根のよい人で、信仰心が真っ白でピュアでした。

それまでは気ままに過ごしていたお稲荷さんですが、たまには人間を守るのもいいかもしれない、と男性について行き、男性が死ぬまでしっかりと守りました。男性が亡くなると、お稲荷さんとして祀られていたご神体は、この神社に奉納されました。

その当時、白笹稲荷神社はまだ小さなお社だったそうです。けれど、ご祭神として伏見稲荷大社から来たお稲荷さんはすでにいました。ですので、そこにとどまるかどうか迷ったそうです。

それまで守っていた男性はとてもいい人でした。守っていて心地よかったこともあり、もう少し人間のために働いてみるのもいいかもしれないと、もといた場所に帰らず、白笹稲荷神社に残ったのです。

「今は東末社におられますが、急に、もといた場所に帰る可能性もあるのでしょうか?」

「あるかもしれぬ」

ニュアンス的に30~40年は大丈夫そうでしたが、こだわりとか変なプライドがない、非常にサラッとしたお稲荷さんなので、「ここまで」と思ったらスッと帰るかもしれません。

自然霊ですから、ある意味気ままなお稲荷さんでもあります。参拝に来た全員を守るとか、お願いされた願掛けをすべて叶える、という神様ではありません。叶ったら超ラッキーくらいの気持ちで行くといいです。

でも行くだけで、願掛けとは別に波動のよい効果をもらうことができます。これは誰でももらえるものなので、ぶらっと歩くだけでも行ったほうがいいです。白笹稲荷神社に行くのなら、東末社周辺ははずせないエリアです。

本殿のお稲荷さんに、

「何か、特別なエピソードはありませんか？」

と聞いてみました。

「特別なエピソードか」

「はい！　お稲荷さん特集を書くので、神社の個性を書き分けたいのです」

そこで教えてくれたお話がこちらです。

昔、白笹稲荷神社の近所に、そこそこ格式の高い武家がありました。その家には天真爛漫なお嬢さんがいました。お嬢さんは幼い頃から白笹稲荷神社に来ては、歌を歌っていました。その歌声は、この世のものとは思えないほどの美しさでした。歌も大変上手だったそうです。奉納されるその歌に、神様も眷属も全員が癒やされていました。神様を癒やす力を持った歌声だったのです。

あの娘は今日も来るだろうか？　と、みんながお嬢さんが来るのを心待ちにしていました。天使のような歌声を聴くのが楽しみだったのです。

お嬢さんは可愛らしい娘から成長して、年頃の女性になりました。そうなると縁談が舞い込んできます。家柄がよかったお嬢さんは、家同士が決めた結婚でこの地を離れました。

神様も眷属も、お嬢さんが幸せになるので、大喜びで祝福したそうです。

この地を離れる時に、眷属が1体お嬢さんについていって、生涯しっかりと守ったとのことです。お嬢さんは夫となった人と仲良く暮らし、子どもにも恵まれ、幸せな一生を送りました。

お嬢さんが結婚をしてこの地を去り、歌を聴くことができなくなった時は、祝う気持ちのほうが大きかったとはいえ、全員が寂しい気持ちになったそうです。本当にうっとりするほどキレイな声で、歌もうまかったからです。眷属たちはお嬢さんを「歌姫」と呼んでいたそうです。

なんだかほっこりするエピソードですね。

幼い女の子が神様に歌を聴かせてあげようと、一生懸命に歌う姿を想像すると、あたたか

い気持ちになります。

「みなさん、歌がお好きなのですか？」

そう眷属たちに聞くと、全員から好きだという答えが返ってきました。

そうなんだ！　とこれは新たな発見です。神様や眷属は、雅楽だけでなく笛の演奏も喜ぶというのは知っていました。それだけでなく、アカペラで歌うのも喜ばれるのです。歌を奉納してもらえたら嬉しい、と照れたような感じでお稲荷さんも言っていました。ああ、いいなぁ、この雰囲気、と思いました。

最後に心が洗われるようなエピソードを聞いて、私も癒やされた白笹稲荷神社での参拝でした。

小網神社

東京都中央区日本橋小網町16の23

この神社には以前、取材に行ったことがあります。２０１５年です。すごく評判がいいという情報を知人から聞いたので、関西から東京に行った時に寄ってみました。

参拝をした日は朝からザーザーと雨が降っていて、空には真っ黒い雲が垂れ込めていました。なんとも言えないどんよりとした、暗〜い、陰気な感じのする日でしたが、東京に滞在できる日数は限られていたので参拝日の変更ができませんでした。

傘をさしても足もとがずぶ濡れになるくらい雨は激しく、スニーカーが濡れた状態でたどり着いたら、神社では修繕工事が行われていました。社殿上部に囲いがされていたせいか、とてつもなく狭い境内に見えました。

おまけに参拝者は私ひとりでしたから、ガラーンとしており、お天気は最悪で昼間なのに暗かったし、「なんだか寂しい神社だな〜」というのが第一印象でした。

狭いため境内をうろうろできず、簡易的に2

礼2拍手1礼だけをして失礼しました。

そのような参拝でしたから、神様はわかりませんでした。「ここに来るのは、今日じゃなかったのだな」ということで、神社をあとにしました。


あれから8年が経過したので、あらためて参拝に行ってみました。前回も今回も、まったく下調べをしていません。ですから、この神社に関する知識はゼロでした。評判がいい神社である、これだけの情報で参拝しました。

今回はお天気のいい日を選んで行きました。

神社に着くと参拝者が並んでいます。10人くらいでしょうか。さっそく最後尾に並び、なんとなく境内を見ると、やはり狭すぎて長居ができる広さではありません。う～ん、この狭さは逆にすごいかも～、と思いつつ、境内に一歩入ったら、そこでご祭神が見えました。

なんと！　お稲荷さんなのです！　大きなお稲荷さんが社殿の空間に座っていました。

あれれ？　お稲荷さんが見えているけど……。え？　いいの？　ご祭神がお稲荷さんでいいの？　ここ、お稲荷さんの神社？　と周囲を見まわしました。けれど、鳥居は赤ではありませんし、神前に置かれているのも狛狐ではありません。ごく普通の狛犬なのです。

鳥居の前に掲げられていた提灯にも稲荷神社という文字はなく「武蔵國古社　小網神社」

でした。短い参道のすぐ横にあった絵馬掛けを見たら、龍のイラストが描かれた絵馬と、七福神が描かれた絵馬の2種類しかありません。

どこにもお稲荷さんであることが示されていないのです。

しかし、社殿に鎮座しているのはお稲荷さんです。大きくてどっしりとした、何事にも動じないという武将タイプです。

普通の神社にお稲荷さんが入ったのかな？　それって書いていいのかな？　と思った時に、そういえば外に看板があった、と思い出しました。外観の写真を撮る時に看板があるのを見たのです。そこで一旦列を離れて確認しに行きました。

案内板は中央区教育委員会が書いているものでした。

【社伝によれば、当社は小網山万福寺を別当寺として、室町時代中期、当地に祀られた稲荷社に起源するという。稲荷社は、明治時代初めの神仏分離令により、小網神社と称し、東堀留川の河岸地の一画であった現在地を社地と定めた。そして現在、小網町及び人形町の一部の氏神として、また東京下町に広く信仰を集めている。】（以下、本書で引用している文章はすべて原文ママです）

よかった〜、お稲荷さんでいいんだ〜、と自分が見たご祭神が正しかったのでホッとしました。由緒が正しければ、室町時代中期からいるお稲荷さんです。大きくて強いのは当然で

した。

ふたたび列に並び、参拝の順番を待ちました。平日なのに参拝者が多かったです。

ここでふと思いました。参拝者は皆さん、神様がお稲荷さんと知っているのだろうか？　ということです。お稲荷さんに願掛けをしようと思って来ているのだろうか、と疑問に思ったのです。お稲荷さんっぽくない神社だし、境内には福禄寿さんや弁天さんの像があるのです。さらに絵馬は龍と七福神です。

福禄寿さんの像はキラキラと輝いているとても縁起のいい像で、笑顔が最高です。ごりやくありそう！　福をもたらしてくれそう！と期待せずにはいられない魅力があります。

弁天さんのほうは銭洗い弁財天として、お金を洗えるようになっています。神社なのに珍しいです。

そこで私の順番が来たので、祝詞を唱え、ご挨拶をしました。初回の参拝ではそそくさと帰ってしまい失礼しました、ということも言いました。

お稲荷さんは涼やかな笑顔で私を見ています。そばにいる眷属もみんな笑顔です。ちなみに眷属の数は、ひょえ〜！　というほど多いです。神社の規模と全然合っていない数の眷属がいました。

全員がこちらを見てにっこりしています。お稲荷さんなのですが、福々しい感じが半端ないです。何かいいことがあったのですか？　と聞きたくなるような雰囲気で、神前には人間の運気を上昇させるご神気が流れていました。

ご祭神のお稲荷さんは、さきほどの私の疑問に、

「福禄寿として拝まれてもいいし、弁財天として信仰されてもいい」

と言っていました。まるっきりこだわりがないのです。その理由は、お稲荷さんを拝むのも、福禄寿さんや弁天さんを拝むのも、〝信仰〟に変わりはないから、だそうです。

なんと心の広いお稲荷さんなのだろう、と思いました。

たしかに、神様は名前にこだわりません。天照大神という神様は一般の神社にはいないのですが（詳細は『和の国の神さま〈ハート出版刊〉』という本に書いています）、ご祭神が天照大神となっていたら、参拝者は「天照大神さん」と話しかけます。全然違う実際のご祭神は、それでもニコニコと願掛けを叶えています。

「ワシは天照大神ではないぞ！」と、ギャーギャー文句を言う神様はいません。天照大神と間違われても、気分を害することなくしっかり願いを叶えているのです。

それと同じでここのお稲荷さんも、福禄寿さんや弁天さんと勘違いをされても、そのように思って参拝に来られても、まったくかまわないそうです。そんなことよりも、その人の信仰心のほうが大事だから、と言っていました。

この神社で願いを叶えているのはお稲荷さんだという事実を、広く知ってもらうことに意味はない、とまで笑顔で言うのです。それよりも大切にすべきなのは、願いを叶えることであり、参拝に来る人の信仰を深めることだと言っていました。

度量の大きさが半端ないお稲荷さんです。参拝者の中には、祀られているのは福禄寿さんだと思って来る人や、弁天さんだからという理由で参拝する人もいるのでしょう。お稲荷さんだと知ると、福禄寿さんではないから、弁天さんではないからと、参拝しなくなる人がいるかもしれません。信仰をやめてしまう可能性を考えると、名前を間違っているくらいどうってことはない、というわけです。

このお稲荷さんは信仰心を持った人間を大切にしています。「その者たちを幸せにするために願いを叶えている」と言っていました。稲荷だと知らなくてもいい、参拝に来た人たちの願いを叶え、幸せになる手伝いが少しでもできたらいい、と語っていました。

ですからこの神社は、福禄寿さんにお願いをするつもりで行ってもいいし、銭洗い弁天さんに金運をお願いしに行ってもいいのです。信仰の対象がお稲荷さんでなくても、信仰心を持った人間が幸せになる手伝いをする、と宣言していました。

「それが神の務めである」

うわ〜！　なんて徳の高いお稲荷さんなのでしょう。

どのような修行・経験をして、このようなお稲荷さんになったのかお聞きしたかったのですが、なにせ境内が狭いので長居ができず……最後にひとつしか質問ができませんでした。

「私は見たこと・聞いたことを、正直に本に書きます。ですから、ここのご祭神はお稲荷さんである。福禄寿さんのごりやくも、弁天さんのごりやくも、すべてお稲荷さんが与えてくれるごりやくだとハッキリ書きますが、大丈夫でしょうか？」

「うむ。お前の読者はうわべで判断することはない（福禄寿さんじゃないのなら行かないとか、弁天さんじゃないのなら参拝しないとか、そういうことです）。正しい理解ができる者ばかりである。心配せずともよい」

本当に偉大なお稲荷さんだと思いました。

境内では福禄寿さんの頭を撫でて、銭洗い弁天さんのところでお金を洗うといいです。どちらもごりやくがあるように、お稲荷さんの多くの眷属がしっかりサポートしています。

余市神社

北海道余市郡余市町富沢町14丁目4

明るくて立派な社殿の神社です。拝殿内は整理整頓されていて、幢《はたほこ》などの飾り物が並べられていました。お掃除が行き届いているな〜、というキレイな拝殿です。

境内には可愛いふくろうの家族（？）の石像や、宝船に乗った七福神の石像がありました。神社側から見た一の鳥居の向こうには一直線の道路が見え、さすが北海道、という景観でした。

この神社は伏見稲荷大社から勧請をしたお稲荷さんがご祭神となっているのですが、行ってみるとどうも違うのです。祝詞を唱えてご挨拶をしたら、本殿の空間にまず見えたのが、リスとかイタチのような小動物です。続いて、カラスやトンビ、鷹などの鳥類が見えました。キツネや狼も見え、一瞬ですがクマも見えました。

見えない世界で、いろんな種類の動物の眷属を従えている神様の

ようです。ご祭神はお稲荷さんではありません。お稲荷さんは1体だけいました。側近の位置に座っていたので、たぶんこのお稲荷さんが伏見から来たお稲荷さんだと思います。

ご祭神は姿を現しません。どうやら、もともとここにいた神様のようなのです。

「ここにいる見えない世界の多くの動物は全部、神様の眷属でしょうか?」

返事はありませんでした。神様の雰囲気や、ご神気から想像するに、人間のお世話はしていない神様のように感じました。人間に対する愛情というか、人間を思う気持ちよりも、動物への愛情のほうがケタ違いに大きいのです。

ここにいるご祭神や眷属は、「自分たちが動物を守る!」と強い意思を持っています。動物の面倒を見ている、見えない世界で世話をしている、それがごりやくのようでした。動物専門かな？　と思ったところで辞去しました。長居をしなかったのは、何を聞いてもご祭神が答えてくれなかったからです。かといって、人間に冷たい印象ではありません。そうではなく、動物を大事に思う、その思いが強烈なので、他に感じ取れないのです。ペットにとっては頼りになる神様だな～、ということで失礼しました。

車に乗り、少し走行したところで、足もとに2体、見えない世界のイタチがいることに気づきました。余市神社の眷属です。「あれ？　なんで神社からついてきたのかな？」と見ていると、足もとをちょろちょろと、動きまわっています。

ついてきた理由がわかりません。このままそばにいてもらっても、お世話ができないので、「帰って下さいね」とお願いしました。その後も少し足もとでくるくると動いていましたが、スッと帰っていきました。

そこで、「あら？」と爽快感を覚えました。膝の痛みと足の疲れがなくなっていたのです。2体の眷属が取ってくれたようです。

実はこの日、朝から膝に痛みがありました。膝が痛むことなどめったにないのですが、数日前からかなり無理をしていたのです。長々と歩きまわるだけでなく、ハードな山登りもしました。その影響でした。

前日の夜、だるい足をさすりながら、「歩きすぎたかな～」と思っていたのです。もう若くはないので、そのへんは考えないといけないな、と反省もしたのですが、朝起きてみたら、膝に痛みがありました。

その痛みがスッキリと消えていたのです。まったく痛くありません。だるいなどの疲れの症状も消えています。イタチは神様の眷属ですから、意味なくいるはずがないとは思いましたが、私の足のケアをしてくれていたのですね。2体いたのは、左右別々にケアをするためだったのです。

この神社のご祭神は姿を見せてくれませんでした。まったく話もしてくれず、質問をしても答えはもらえませんでした。人間のことは知らん、という神様なのかな～？　と思うほどでした。参拝に行っても人間のお願いは聞いてくれないかもしれない、本には書けない、と思っていたのです。

そうではなく、無口な神様なのです。ちゃんと私の体の悪いところを見て、治してくれました。疲労が蓄積していたので、神社の境内ではすぐに治らなかったのでしょう。それで、眷属をつけてまで治してくれたわけです。

愛情深い神様だということは神社ですぐにわかりましたが、対象は動物だけだと勘違いし

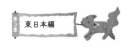

ていました。ちゃんと人間も入っているのですね。会話はしてくれない神様ですが、お願いをすると聞いてくれるだろうと思います。

この神社には、小動物や鳥類など多種類の眷属がいます。それもものすごくたくさんいるので、願掛けは叶いやすいのでは？　と思います。ペットにとって頼りになる神様ですし、私の経験から人間の健康関係のごりやくもお得意なようです

占冠神社

北海道勇払郡占冠村字占冠原野57番地

北海道神社庁のホームページによると、この神社の由来は、明治40年6月に現在の敷地内に小祠を建立し、官幣《かんぺい》大社札幌神社の分霊を勧請したことに始まる、となっています。官幣大社札幌神社は、北海道神宮の旧称です。ですから、お稲荷さんではありません。

北海道に行った時に、「占冠《しむかっぷ》」という地名に惹かれて行ってみた神社です。

境内に入ったら、いきなり、

「おぉ！　よう来てくれた！　ありがとう！　ありがとう！」

と大歓迎をされました。続けて、

「リスを見るか？」

と聞かれたので、

「はい！」

と答えると、神様が「あそこ」と教えてくれました。

言われたところを見たら……なんと！　エゾリスがひょこっと顔を出したのです！　そして顔を出した次の瞬間、もう木に登っていました。驚くべきスピードです。時速にしたら何キロ？　という速度で上へと登っていくのです。木に登るというか、走るのですね～、垂直に。

いつかエゾリスを写真に収めたいと思っていたので、念願が叶いました。尻尾がふわふわのエゾリスを撮影できて嬉しかったです。こうして歓迎のサインを目に見える形でいただけると、喜びもひとしおです。
ここのご祭神は女性の神様です。目がパッチリしていて色白で、日本人っぽくありません。でも一応、日本の古代の服を着ています。年齢は20代後半でしょうか。
「もう少し、参拝者が増えると嬉しいのだが……」

「東京とかに比べると、人口が少ないですものね」

神様は寂しげな感じで頷《うなず》き、笑っていました。

私にエゾリスを見せてくれて、写真にまで撮らせてくれた神様です。優しくて、気さくでありながらもパワーはあります。参拝者が少ないのはもったいないな〜、と思いました。


境内を見せてもらうと、「占冠村祖霊社」と手書きをされた、小さなお社の横に石碑がありました。天然石のままですから、いびつな三角形で磨かれていません。やや大きめの石碑が、台座となる石の上に置かれています。ポツンとそこにある、という感じです。

石碑の表には「倉稲魂神《うかのみたま》」と書かれています。

なんと、この石碑にお稲荷さんが宿っていました。まったく目立たない石碑だけれど、ちゃんとお稲荷さんがいるんだ〜、と本気で驚きました。そばに行き、

「写真を撮らせて下さい」

とお願いしました。

「うむ」

凛とした感じのお稲荷さんです。許可をもらえたので、パチリと

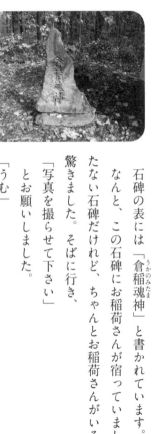

撮影させてもらいました。お社ではありませんから、つい、そのまま移動しようとしたら、

「おい」

と、声をかけられました。

「あ！　すみません！　失礼しました」

祝詞を奏上し、ご挨拶もしました。

「おい」と言われたその雰囲気で、男らしい感じのお稲荷さんかと思ったら……女性のお稲荷さんなのです。いや、お稲荷さんに性別はないので、女性を表現している、という言い方が正しいです。ご祭神が女性なので、合わせているのではないかと思います。

お稲荷さんの眷属はいません。1柱のみです。

ご祭神が言うには、

「稲荷も働きたがっている」

とのことです。

「遠慮せずに願うといい」

このひとことから、もしかしたらこの地区は、神様に遠慮をする謙虚な人が多いのかもしれない、と思いました。

神様に遠慮は不要です。図々しいかも？　身のほど知らずかも？　と思う願掛けでもまったく問題ありません。叶えるかどうかは神様が考えますし、あまりにも大きな願望だったら、クスッと笑われるくらいで、叱られることもありません。呆れられることもないです。

たとえば私が、「女優になりたいです。中高年女性を演じる、個性派女優として成功しますように！」という願掛けをしたら、神様はクスッと笑ってくれると思います。そうか、なかなかユニークな願いだの、と。

神仏にはなんの遠慮もいらないのです。夢が大きすぎるかも？　とか、そんな才能はないかも？　と自分では思っても、見えない世界では実現が可能だったり、気づかなかった才能があったりします。たとえ身のほど知らずな祈願でも、堂々とお願いをしたほうが印象は爽やかです。神仏の負担になるかも？　と神仏の能力に関する心配もいりません。

石碑に宿っているお稲荷さんは真面目な性質でした。人間のために働こう、とスタンバイしているのです。けれど、いるのがお社ではなく、見た目はただの石ですから、気づかない人のほうが多いようです。

この神社に行った時は、お稲荷さんにも手を合わせると喜ばれます。お話をするだけでも大歓迎されます。人知れずひっそりといるお稲荷さんですが、やる気は満々ですし、人間が大好きだそうです。

志和古稲荷神社

岩手県紫波《しわ》郡紫波町升沢小森108

後述する「志和《しわ》稲荷神社」との距離が近いので、どちらから参拝するか悩みましたが、「古《ふる》」という文字がついているので、こちらを先にしました。

例によって下調べなしで行ったので、2社の関係がわからず、「古」という文字つきのこちらの神社から勧請をされたお稲荷さんが、志和稲荷神社に祀られたのかもしれない、と思いました。

鳥居をくぐって進むと、参道がやや右にカーブしています。鳥居は赤ではありませんが、参道の両脇に等間隔で置かれている灯籠が赤でした。なので、可愛らしく明るい雰囲気になっています。

参道脇にはお塚信仰のお社がいくつかありました。どのお社にもお酒やお賽銭などがたくさん置かれていて、参拝する人に大事にされているみたいです。キツネの置物なども多く置かれていました。

昔はお塚だったようですが、今はすべてこの神社の波動になっています。ですから、お塚信仰というちょっと暗い雰囲気ではなく、晴れやかな「気」が流れています。お塚のお稲荷さんたちはご祭神の眷属となっていて、神社のために働いています。見た目はお塚ですが、参拝してもまったく問題ありません。

参道の石段を上ると、そこが拝殿エリアになっていました。

拝殿の手前に、小さなお社があります。シンプルな赤い玉垣で囲まれているので、スペシャル感が半端ないです。特別な境内社？と思いつつ、そこにあった看板を読んで驚きました。

【御眷属（白きつね）ミイラの出現

昭和二十九年（西暦一九五四年）九月二十六日の台風十五号（青函連絡船洞谷丸が沈没した時の台風）によってこの場所に立っていた御神木の大杉（樹齢約八百年）が倒伏しました。

その残木整理をしていた際、九月二十九日の稲荷様のご縁日の日

に不思議なことに、その根本の空洞から御眷属のミイラが出現いたしました。
全国に稲荷神社は約三万社ありますが、このような例はいまだかつて聞いたことがありません。
その年より御眷属ミイラに願い事をとなえると、稲荷大神に伝わり、叶うといわれています。
※御眷属とは古稲荷大神にお仕えするきつね様です。】

祀られているのはキツネのミイラなのですね。たしかに初めて聞くお話です。

お社の扉が、ガラスと木材になっているので、ガラス部分から中が見えるようになっていました。けれど、お賽銭箱があったりして距離があるため、間近で見ることができません。やや遠くから必死で目を凝らして見ると、ミイラっぽいものが赤い座布団の上に置かれていました。

本当にミイラが出現したんだ～、ほぉぉ～、としばらく拝観しました。

お稲荷さんの境内で、キツネのミイラが出てくるのはすごいです。ご祭神のお稲荷さんにお話を聞くと、偶然ではありませんでした。


昔、このあたりに住んでいた野生のキツネが、自分と同じような姿をしているお稲荷さんや眷属を見て、ここで死にたいと思ったそうです。

お稲荷さんや眷属が神々しい存在であることは動物にもわかります。このキツネはエサがなくてひもじい思いをしていた時に、お稲荷さんに助けてもらったことがあるのです。そのことを忘れていませんでした。

野生のキツネは、いよいよだな、と死期が迫ると、神社にやって来ました。そして、お稲荷さんや眷属に見守られた状態で心穏やかに亡くなっています。

お稲荷さんや眷属はキツネのその思いを大事にしてやりたい、ということで、ミイラとして残しました。キツネがそのように思ったという、その気持ちは「信仰心」だからです。動物が信仰心を持っていたというのは、すごいことなのです。

ミイラとして体が残るようにしておけば、のちに発見された時に神社に祀られます。ミイラのキツネは神様にそこまでしてもらった、特別なキツネだったのです。

拝殿の前に立つと、ご神気が明るくて癒やされました。拝殿の柱には、なんとも縁起のよい、超縁起物の熊手が飾られていました。

祝詞を唱えてご挨拶をすると、真っ白い大きなお稲荷さんが姿を見せてくれました。至近距離で私の正面に座っています。むちゃくちゃ近いのです。しかも、サイズが大きいため、お稲荷さんは思いっきり顎を引いて、下にいる私をじーっと見ていました。見づらいだろうな〜、という角度です。

あの？　お稲荷さん？　少し離れたら、見やすいのではないでしょうか？　と〝心の中〟で思いました。すると、その瞬間にお稲荷さんが大口を開けて、うわっはっはっ！　と笑いました。とても陽気なお稲荷さんです。

この神社は修験道の香りがしていました。修験道の色があるのです。境内にあるご神木は天狗が好きな形に育っており、天狗がいるのかな、と思ったので、お稲荷さんに、

「天狗がいるのですか？」

とお聞きすると、

「昔はいたが、今はいない」

と言っていました。正式な「稲荷神社」になってからいなくなったそうです。昔はいたので、それで修験道の気配が残っているのです。

境内には、倒れそうな角度なのに、頑張ってぐーっと伸びている木もありました。

「あれ？　龍がいるのですか？」

「たまに遊びに来る」

「へぇ～！　そうなんですね」

「ワシの眷属ではないぞ」

と言うと、またしてもお稲荷さんは大きな口を開けて、うわっはっはー、と笑いました。読者の皆様にはわかりにくいかもしれませんが、これ、冗談なのです。とりあえず私も、あはは、と笑っておきました。

後方の山には龍がいて、この地域のあちこちを飛んでいるそうです。そして時々、好奇心丸出しで遊びに来ると言っていました。

面白いですね。稲荷神社に、龍が遊びに来るのです。

お稲荷さんに会いに、です。きっとその龍はこのお稲荷さんの性格が好きなのだろうと思います。

実はこの時、私は「金運アップ」のテーマで取材をしていました。

「お稲荷さん、テーマが金運アップなんです。この神社を書いてもいいですか？」

「おぅ！　書け！　書け！」

「え！　いいのですか？　一般的な神社だったら、書くなよ、と言われたり、金運アップに力を入れていないとかで、断られることも多いんです」

「そうだろう」

お稲荷さんは、うんうんと頷いていました。私が困っているのを見て、積極的にオーケーをくれたのです。楽しいだけでなく、優しいお稲荷さんでもあります。

志和稲荷神社

岩手県紫波郡紫波町升沢字前平17の1

志和稲荷神社は志和古稲荷神社から車で3分ほどの距離にあります。ご近所さん、という感じです。志和古稲荷神社と同じく、赤い灯籠が参道脇に並んでいて、こちらは鳥居も赤いので華やかさがありました。敷地もかなり広く、雰囲気はまるで違います。

境内の説明からしますと、拝殿エリアに上がる石段のところに「中風除」と扁額に書かれた小さなお社があります。案内板には、【御神像を「さすり」、自分の体に有難いご利益をいただきましょう】

と書かれていました。お社の中を見ると、飛鳥時代〜奈良時代あたりの人物の銅像が置かれています。中風除けを専門にしている眷属が担当していますが、銅像には宿っていないので、さわっても問題ありません。

　拝殿エリア前の鳥居には茅の輪くぐりがありました（参拝したのは2022年11月です）。くぐり方が書かれているので、説明通りにくぐって拝殿エリアに行きます。干支ごとに分けて置いてある「福狐」もそのエリアにありました。

　拝殿で祝詞を唱え、ご挨拶をして、右側から本殿の裏へと行ってみました。本殿の裏には赤いお社の御供所《おそなえどころ》（御室《おむろ》）があります。そんなに大きくないのですが、パワーがあります。というのは、けっこうな数の眷属がここに集まっているからです。

　そばにこのような案内板がありました。

【この社殿は、毎夜お膳を献供するところで「御供所」又は「御室」といいます。

古より、農家や漁師等崇敬者が本殿を参拝の後、木槌で音を鳴らし白狐をお招きし、鳥・魚・米穀を始め鶏卵、油揚げ等の奉献の日々が絶える事が有りませんでした。

今現在もその風習が続いており、春の三午祭《さんうま》・秋の三九日祭《さんくにち》といった縁日には多くの参拝者が、米・酒・卵・油揚げ等をお供えし稲荷の大神様の広大無辺な御神徳をいただいております。

この木槌で三回「コン・コン・コン」と、音を鳴らしお稲荷さんのお使いである白狐をお招きし大神様の更なる御加護をいただきましょう。】

案内板のところには、木槌と板が用意されていました。

お社の中にはお賽銭箱があって、その向こうに赤い木の台が置かれています。その台を囲むようにして、下と周囲にキツネ像がたくさんありました。

なるほど、特別なお社だから眷属が多く集まっているのか~、とわかりました。

案内板を読んで、お供えをしないのに木槌で3回音を鳴らす人がいるのでは？　ということを、ふと思いました。お供えもしないのに、木槌で呼んでもいいのかどうか、そこにいたリーダーらしき眷属に聞いてみました。

「お供えをしないのに、出てきて下さい、って呼ぶのは……ダメですよね？」

「うむ」

とリーダーは言い、そのあとで、

「よくないのだが、その説明を読んで、悪気なく3回板を叩いて願い事を言う人間がいる。それは仕方がない」

とつけ加えていました。

「木槌で板を叩かなくても、願いは聞いている」

そうだろうな〜、と思います。私は板を叩きませんでしたが、悪気なく叩くのはオーケーだそうです。その点は慣れているみたいです。

本殿の裏から左側エリアへと行ってみました。こちらは波動が極端に薄いです。パワーも「あれれ？」というくらい弱いです。いろいろと楽しめるように趣向が凝らされているのですが、波動もパワーも右側エリアの半分以下でした。

そこでまた御供所に戻って、リーダーに聞いてみました。

「向こう側は波動が弱いというか、薄いですね？」

「うむ。格が高いものはこちら（右側を指しています）にいる」

ということで、神格が高い眷属は全員、社殿に向かって右側にいます。

位置の話で言うと、神棚もそうです。中心となる神様（いわばご祭神ですね）の左横（人間から見たら右側です）のほうが、場所として優先順位が高いのです。神棚だったら、２番目に来た神様をこちらに祀ります。

なぜ神格が高い眷属が右側エリアに集まっているのかというと、左側は昔のお塚信仰だったお稲荷さんのエリアだそうです。今は眷属になっているお稲荷さんもいますが、そうではないお稲荷さんもいるとのことです。

右側は直属の眷属エリアです。波動が高い・濃い空間と、そうではない空間は御供所が境界線となっています。

眷属に願掛けをしたい、という場合、どちらの眷属にお願いをするのかは、自分の直感で決めるといいです。直属組は神格が高く、波動も濃いのが特徴ですが、基本、ご祭神の意向を踏まえています。お塚組は独立しているものが多く、独自の叶え方をします。

たとえば、「いい家を買えますように」という願掛けだとしたら、眷属組はご祭神に意見を聞きます。本人の希望が都内で5千万円の一戸建てだとしたら、ご祭神は「本人の希望に添うように」と言います。願掛けは都内で5千万円の一戸建て、で叶います。

お塚組は独立していますから、ご祭神に指示を仰ぎません。よって、「本人は都内で

5千万円の一戸建てを希望しているが、もっといい家を買えるようにしてやるか」と、宝くじで1億円を与えたりします。けれど「お塚」ですから、30ページ（お塚信仰のお稲荷さん）で説明したように、信仰は慎重にすることをおすすめします。

志和古稲荷神社に比べ、こちらは眷属が多いです。修験道の色はなく、龍も遊びに来ないと言っていました。龍にも相性があるので、そのへんの理由だと思います。

こちらは寡黙なお稲荷さんでした。ほとんどしゃべりません。口数の少ないのは真面目な神様だから、というパターンが多いので、真面目すぎるのかな？　と思ったのですが……どうやら違います。

とても謙虚なお稲荷さんなのです。志和古のお稲荷さんに敬意を表しているというか、控えめにしているのです。神様としての大きさは志和古のお稲荷さんのほうがだいぶ大きいです。こちらはちょっと小さめです。

その理由は、大昔に志和古稲荷神社から勧請されて、こちらのご祭神として祀られたからです。師弟関係にあるのですが、でも、こちらの神社のほうが敷地が大幅に広く、境内社も多く、眷属も多いです。よって、志和稲荷神社のほうがパワーのある神社、強いお稲荷さんがいる神社、というふうに見られています。

志和のお稲荷さんは、昔は眷属として志和古稲荷神社にいました。志和古お稲荷さんに忠誠を尽くしていました。そしてその忠誠心は、今も変わらないのです。

志和のお稲荷さんは、現在立派な神様になっています。けれど、神社が大きいから、志和古稲荷神社を超えたわけではない、と謙虚なお考えです。ですから、偉そうにしないよう心がけているみたいです。

思慮深い、そして美しい忠誠心を今も持ち続けているお稲荷さんなのです。

箭弓稲荷神社

埼玉県東松山市箭弓町2丁目5の14

まずは神社の特徴からです。

境内が広いです。境内に入ったところにある赤い鳥居にはしめ縄がつけられていて、扁額には社殿の屋根みたいな、立派な屋根がついていました。鳥居の柱部分にも可愛い屋根がついており、このような鳥居を見たのは初めてです。

鳥居をくぐって進むと、広場のような雰囲気の境内には、大きな絵馬掛けがいくつかあり、

それが木の緑とうまく調和していて、にぎやかで景気のよい感じを演出していました。

「どっしりとした重厚感がすごいな～」と思わせる拝殿でご挨拶をして、右側から奥に本殿を見に行きました。本殿はさらに立派な造りになっており、芸術的でした。威風堂々とした歴史の重みもあります。

この神社にはオリジナルのお楽しみがあり、それが素晴らしかったです。

本殿の周囲には写真つきで、「本殿にはこのような彫刻がありますよ～」という説明板がいくつもあります。「ふむふむ」と説明版を見て、その彫刻が本殿のどこにあるのか探すのですが……これが思った以上に面白くて、ワクワクした時間を過ごせました。宝探しのようで楽しいのです。

たとえば、タイトルが「二龍《にりゅう》」という説明版には、

【そもそも、龍には、人民救済、雨乞い、魔除け、鎮火などのご利益があります。当社では二匹の龍が本殿両脇に位置し、ご参拝の方

にご利益をもたらすべく、本殿を守護しております。】

と書かれていて、その彫刻の写真が大きく載っています。

写真を見て、「どこ？　どこ？」と探すわけですね。で、尻尾をからめた2体の龍を見つけ、「あったー！」と大喜びするわけです。嬉しいんですよ〜、見つけたら。

次の説明版は「山椒魚《さんしょううお》」です。

【社殿の彫刻で、水に関わりを持つ架空の霊獣や同様の動物などは、その多くが社殿の地面に近い位置に飾られます。それらは、火の災いを受けないように祈りを込められているからであり、水辺に生息する山椒魚の彫刻も本殿の縁の下に飾られています。また、山椒魚は長寿の象徴で、仙人の化身ともいわれています。】

「へぇ〜、山椒魚って仙人の化身と言われているのね〜。波が背景になっているのか。えっと、これはどこにあるのだろう？」と探していて、さきほどとは違う龍を見つけ、細かい彫刻の技術と表現力に「おぉ〜」と感動したりするわけです。すごい龍だな、とそのへんを見ていて「いた！　山椒魚みっけ！　やったぁ！」と大興奮です（笑）。

すべてを写真に撮ったという自信がないので、ここに書くものがすべてなのかどうかはわかりませんが、他にも「龍」「獏」「二頭の一角霊獣」「入子菱《いれこびし》文様」「仙人の烏鷺《うろ》」「蜀江錦《しょっこうにしき》繋《つなぎ》文様」「水犀《すいさい》」「王子喬《おうしきょう》と唐子《からこ》」という説明版がありました。

「仙人の烏鷺」は本殿の背面なのですが、「うひゃ～！　なんて細かい彫刻！」と感動しました。

他にも、背景が波になっているところに鯉がいて、顔を上げているので、滝のぼりをしている鯉だろうな～、と思いました。すると、その近くに、同じ波を背景にした小さな龍が彫られていて、その龍の体の感じから、滝のぼりをした鯉が龍になっているのがわかりました。ほぉ～、こういうことわざの彫刻もあるのだな、鯉の滝のぼりはめでたいな～、とこちらも感動しました。

そこで「あ、そういえば、拝殿のところにも説明があったような？」と急いで拝殿に戻って見てみたら、拝殿には「鳳凰」「三条小鍛冶《こかじ》」「目貫《めぬき》龍」の説明がありました。

彫刻はひとつひとつがとても丁寧に作られており、見応えがあります。美術館で見学しているような気分になります。この神社での彫刻観賞、超おすすめです。

ここで神社の由緒を紹介しておきます。神社の公式ホームページからの引用です。

【当神社のご創建は、和銅5年（712年）と伝えられ、規模の大きさ、ご社殿の荘厳さとご霊験のあらたかさで、大勢の方々の信仰を集めています。

社記によると、平安時代の中頃、下総の国（千葉県と茨城県の一部）の城主平忠常が謀反を起こし、またたく間に近隣諸国を切り従え、ついにその威を関八州にふるい、大群をもって武蔵の国（埼玉県と東京都・神奈川県の一部）川越まで押し寄せてきました。

朝廷は、武門の誉れ高き武将源頼信を忠常追討の任に当たらせ、当地野久ヶ原に本陣を張り、頼信が野久稲荷神社に夜を徹して戦勝祈願をしたところ、明け行く空に箭（矢）の形をした白雲がにわかに現れ、その箭は敵を射るかのように飛んで行きました。

頼信は、これぞ神のご加護と奮いたち、自ら先頭に立ち敵陣に攻め入ると、ふいを突かれた忠常軍はあわてふためき、一旦は後退したもののすぐに盛り返し、三日三晩にわたる激戦も、神を信じ戦う頼信軍が勝利しました。

帰陣した頼信は、ただちに野久稲荷に戦勝報告を済ませると、この勝利はご神威、ご神徳によるものだとして、ご社殿の建て替えを寄進するとともに、野久稲荷を箭弓《やきゅう》稲荷と改めて呼ぶようにと里人に命じたのでした。

以来、箭弓稲荷神社は松山城主、川越城主をはじめとして多くの人達等の信仰を集めてきましたが、平和な時代を迎えるとともに、前にも増して隆盛を極め、特に江戸時代には、江戸（東京都）をはじめ、四方遠近からの参拝者で社前市をなしたといわれています。（以下省略）】

ご祭神のお稲荷さんは金色にピカーッと光っている、黄金色に輝くお姿でした。伏見のお稲荷さんまであと少し、という神格です。相当古い神様です。ふんわりとした優しさを持っていて、おおらかでもあり、ふところも深いです。

読者さんに伝えるようにと、この言葉を一番に言っていました。

「稲荷は人間のためにいる神だと思っていい。だから金運だけじゃなく、自分にとって大事なこと、本当に叶えてほしいことを願いなさい」

ちょうどそこに、足を悪くしている高齢の男性が来ました。お稲荷さんが言うには、男性の足は脳の疾患で動かなくなり、そのまま寝たきりになるだろうという状態だったそうです。リハビリを頑張っても、車椅子の生活ができるくらいまでにしか回復は望めなかったらしいです。

男性はとても信仰心の厚い人で、脳を患って倒れるまでは、ここによく参拝に来ていました。もちろん、ご縁もいただいていました。その男性から「杖をついてでも、なんとか自分の足で歩けるようになりたい」という願掛けをされたお稲荷さんは、願いを叶えてあげました。男性が今、歩いているのは、お稲荷さんが歩けるようにしたからです。

男性は足を引きずっており、杖をついていても、ゆっくりゆっくりしか歩けません。でも、ちゃんとひとりで歩いているのです。

自宅からここまでどれくらいの距離なのかわかりませんが、時間がかかるだろうことは明白です。それでもこうして体調のいい日には、お礼を言いに、参拝に来ているそうです。

お稲荷さんだからといって、五穀豊穣や商売繁盛、金運などにこだわらず、「なんでも願いなさい」と重ねて言っていました。

「自分が本当に叶えてほしいことを、本気で願いなさい。眷属たちも親身になって働くから」

その言葉を言っているお稲荷さんは、後光が差しているように見えました。

「伏見から来られたのですか?」

「勧請をされたのではない」

どのようにしてご祭神になったのか、そこをお聞きしました。

このお稲荷さんは、大昔は伏見稲荷大社の眷属でした。修行を頑張っていましたが、修行をするチャンスが少なく、なかなか力が備わりません。そこでお稲荷さんは諸国をまわって修行を積もうと決心しました。

伏見のお稲荷さん（ご祭神）に暇乞《いとまご》いをし、諸国をまわっている時に、魂の美しい人物を見つけました。その人物は神仏が願いを叶えてくれたら、全財産を注ぎ込んでもお堂を建ててお礼をする、という人柄です。

それくらい神仏を信じている人でした。礼儀正しくて、人にも誠意を尽くし、思いやりを持って人に接することができる男性でした。

彼は戦に勝ちたい（戦功をあげたい）と望んでいたので、お稲荷さんがみずから彼の夢に出て、勝たせることを宣言し、その方法を伝授しました。男性は言われた通りに実行し、めでたく戦に勝利したのです。

お稲荷さんは祀ってほしいとはひとことも言いませんでした。しかし、男性はお礼として、お堂を建て丁寧に祀りました。そして、死ぬまでお稲荷さんを厚く信仰したのでした。

お稲荷さんは男性が示してくれた信仰心や真心に応えようと、お堂のご祭神として人々の願いを聞いてきました。男性が亡くなっても、男性にもらった恩（お堂を建ててもらったことです）を、人間に返そうということで、せっせと働きました。

願いが叶うありがたいお稲荷さん、ということで、噂は広まり、どんどん人が来るようになりました。こうして大きな神社に発展したのです。

この男性はお稲荷さんが諸国をめぐって、やっと見つけた人だと言っていました。

心根が美しくて、信仰心のある人物だと、このように神様のほうからアプローチされることがあるのです。素敵なエピソードで、心がほんわかとあたたかくなりました。由緒と重なるところがあるので、この神社の由緒は登場人物は別として、事実がもとになっているようです。

龍（奥）と獏（手前）

山椒魚

本殿

第4章
西日本編

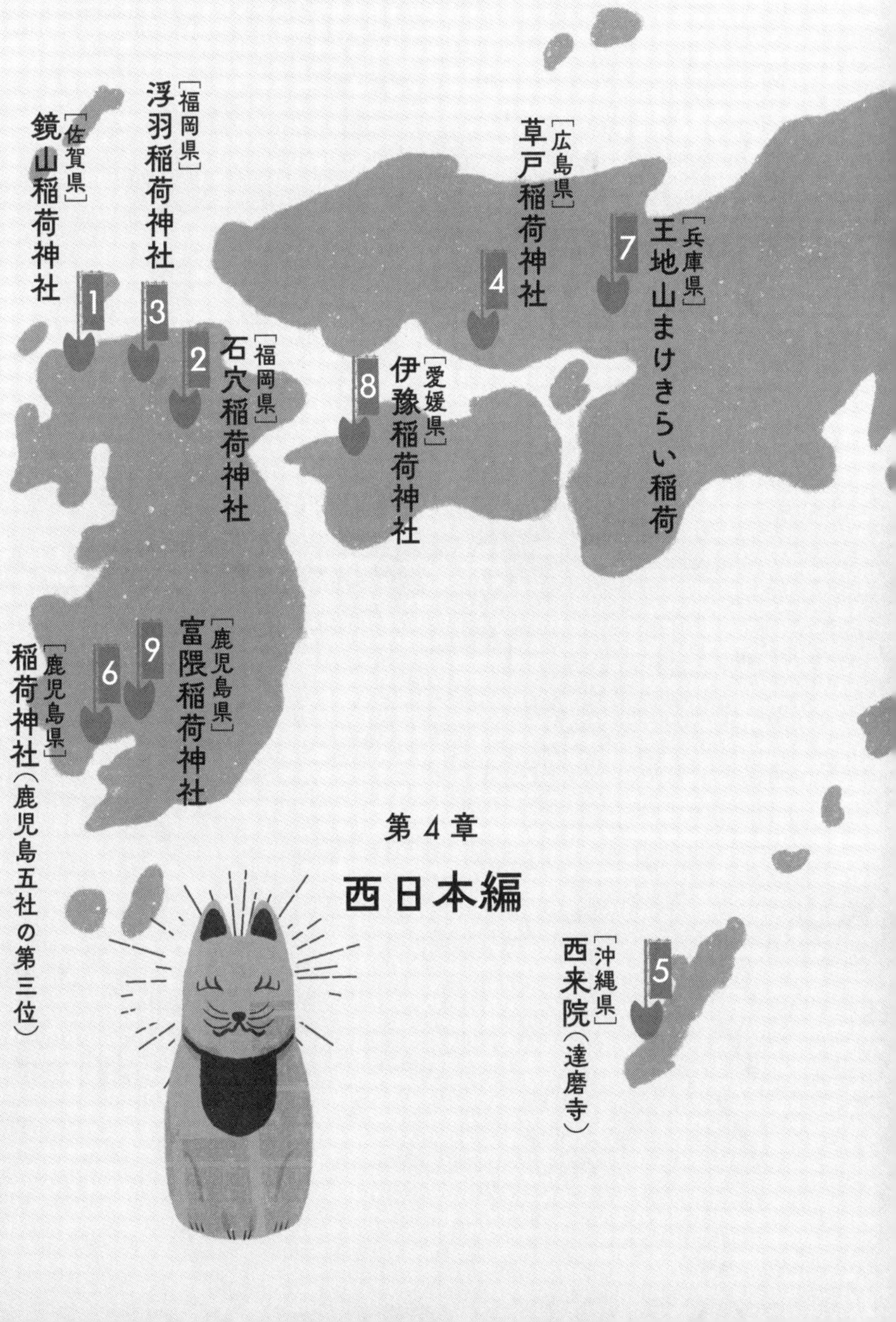

7
［兵庫県］王地山まけきらい稲荷
4
［広島県］草戸稲荷神社
8
［愛媛県］伊豫稲荷神社
2
［福岡県］石穴稲荷神社
3
［福岡県］浮羽稲荷神社
1
［佐賀県］鏡山稲荷神社
9
［鹿児島県］富隈稲荷神社
6
［鹿児島県］稲荷神社（鹿児島五社の第三位）
5
［沖縄県］西来院（達磨寺）

鏡山稲荷神社

佐賀県唐津市鏡6052の20

山の頂上付近にある神社なので、境内は広くとても静かです。私が行った日は、シーンとした静寂の中でうぐいすが鳴いていました。

一の鳥居をくぐって境内に入り、二の鳥居のところで直角に曲がります。そこから石段を上がると拝殿です。拝殿の後ろにまわってみたら、そこからさらに高い位置に本殿がありました。

この神社でご挨拶と自己紹介をするのは、できれば本殿に直接手を合わせたほうがいいです。それが正式な参拝なので、拝殿でお賽銭を入れたら、後ろにまわってそこでご挨拶をします。ご挨拶と自己紹介が終われば、あとは境内のどこでお話をしてもオーケーです。

ご祭神のお稲荷さんは、「山の神（山岳系神様のことです）の眷属である」と自分で言っていました。ここに神社が創建されてご祭神と鎮座しているけれど、今も山岳系神様の眷属としての仕事もしているそうです。

このお稲荷さんは自然霊です。伏見稲荷大社の眷属出身ではありません。

見た目も思いっきり自然霊で、すごく大きくて、尻尾の半分から先がふぁっさ～と分かれています。尻尾の半分くらいまでは立っているのですが、そこからは風になびいているのです。真っ白い尻尾

が美しいです。

自然霊のお稲荷さんが山岳系神様の眷属として仕事のお手伝いをしていましたが、神社のご祭神となってからは、こちらの仕事も頑張っています。願掛けを叶える仕事です。

今も眷属として働いているのは、山岳系神様に対して忠誠心が厚いからかな？　と思ったら、〝尽くしたい〟という気持ちが強いとのことです。

「山岳系神様に、眷属になれと言われたわけではありませんよね？　どのような理由で眷属に志願したのですか？」

「お前の言葉で言えば、山の神が好きだから、だ」

え！　意外〜、そんな理由があるんだ〜、と思いました。

「好きだからお手伝いをしたいと思ったのですか？」

「好きだから尽くしたいと思った」

手伝いたいとか、下で働きたいとかじゃなくて、神様のために尽くしたかった、と言うのです。うわぁ、なんて純真な心を持ったお稲荷さんなのだろう！　となんだか感動しました。感動で目をキラキラさせて見ているると、お稲荷さんはフフフと笑い、こう言いました。

「実は、原野を駆けまわっていた時は、人間を助けよう、人間を救おう、人間が可愛いなどと思ったことはない」

全然思ったことがない、と重ねて言います。そりゃ、そうだろうな、とここは納得です。善の方向にも悪の方向にも行ける自然霊なのです。いわば妖怪と同じです。ニュートラルな状態だったのでしょうから、人間が可愛いとか、助けたいとか、人間を慈しむ気持ちとか、そのようなものがないのは普通なのです。

逆に、もしもそう思っていたのなら、その時点で自然霊のままでいるのではなく、神様の眷属になっているはずです。見えない世界で原野を走りまわる自然霊に人間を思いやる気持ちがないのは、ある意味当たり前と言えます。

そのような自然霊だったお稲荷さんがどのように変化をしたのかと言いますと、山岳系神

様を尊敬し、好きになったので眷属に志願しました。眷属になって多くの仕事をしているうちに、山岳系神様の影響を受けます。

敬愛している山岳系神様は、人間を慈しむ気持ちがものすごく強いそうです。そこまで人間を思うのか？　と戸惑う場面もあったそうですが、そこからお稲荷さんは学びを重ねました。一から教えてもらったと言っても過言ではないそうです。

そしてやっと、人間が可愛いとわかったというか、その健気さに気づきました。そこから人間のために働こう、という気持ちが芽生えたそうです。

私はこの時、拝殿左の石のベンチに座っていました。うぐいすのホーホケキョを録音していたのです。長い間そこにいたので、私がいる間に全部で10人ほどの参拝者が来ました。

参拝者が一の鳥居から二の鳥居のほうに歩いてくると、ガサガサと音がするので、録音を止めます。けれど、どの人もすぐには石段を上がってきません。見ると、みんな一生懸命に手を清めているのです。

その様子を神様と一緒に見た時に、「ああ、人間って可愛いな」と思いました。お稲荷さんが優しい笑顔で、

「そう思うだろう？」

と、手を清める姿をじっと見ていました。

神様に失礼があってはいけない、と、なんの疑問も持たずにせっせと自分の手を清めているのです。それも、拝殿へと上がる二の鳥居を通り越して手水舎へ行き、手を清めてから、二の鳥居のところまで戻っています。

その日見たすべての人が手水舎に行って、手を清め、それから石段を上がっていました。

実は手を清めることはそんなに重要ではありません。けれど、みんな一生懸命に清めて参拝しています。

お稲荷さんが言うには、その「神様を敬う気持ち」がとても可愛いそうです。なので、今は人間のためにできることはしてやりたい、助けてやりたい、ワシでよかったら救うぞ、み

たいな気持ちでお仕事をしているとのことです。

自然霊で駆けまわっていた時は、「あ、人間がいるな〜」程度の感覚で見ていて、助けようとか救おうと思ったことは一度もなかったのですから、山岳系神様の眷属になって学んだことは貴重だと言っていました。

現在ご祭神として鎮座しているからといって、「山の神の眷属をやめるつもりはない」と結んでいました。これからも心を尽くして、山岳系神様のために働きたいとのことです。素敵なお稲荷さんです。

この神社は拝殿の左横のスペースに濃い波動が集まっています。ですから、長くいる時はベンチに座ってたくさんの波動をいただくといいです。山岳系神様の眷属でもありますから、その神様のご神気も少しですが、流れていました。

浮羽稲荷神社

福岡県うきは市浮羽町流川1513の9

社殿が高い位置にあるため、下の道路から石段を上ります。

道路から見上げると、参道がちょっと上ったところで右に曲がっているのがわかります。そんなに長く上るようには見えず、軽い気持ちで上り始めたら、右に曲がった突き当たりで、さらに左へ行くようになっており……ここからが長い石段でしんどかったです。

途中から、お出迎えの係？　と思われる眷属が来てくれました。1体だけですが、道案内のように私の前を歩きます。てってってってっ、と軽やかに、跳ねるようにして歩いていました。後ろからついて行く私がしんどくなって、途中で止まり、ゼーゼーハーハー言っていると、くるっ！　と振り返って私の休憩を確認し、そこで待ちます。私が歩き始めると、また、てってってっ、と進みます。私が止まるたびに待つのが、律儀という印象です。

振り返る時はふわっと振り返るのではなく、読んで字のごとく、「くるっ！」と私を見ます。それがなんとも言えず可愛いのです。

ゼーゼーハーハー言う呼吸から疲れ具合を見て、「ここでけっこう休むな」と思うと、私の前でこちらを向いてスッと座っていました。その時の顔が「こいつ、えらいゼーゼー言うとんな〜」という表情で、思わず笑ってしまいました。

私の5段くらい上にいて、真っ白いキツネの姿をしています。面白い眷属だなぁ〜、と思っていたら、なんと！ ご祭神でした！ ご祭神みずからお出迎えをしてくれるという神社なのです。

石段を上りきって進むと、社殿前に最後の石段がありました。そこを上ったところにある鳥居のそばにいる狛狐が……強烈に怖い顔をしていました。もちろん、眷属が宿っています。ちなみに向かって左のほうが性質が厳しくて、強かったです。

この神社の歴史は浅く、由緒書きには昭和32（1957）年12月に、伏見稲荷大社から勧請をしたと書かれていました。気さくなお稲荷さんですが、まだそんなに大きな力を持っていません。

眷属も4体で、どの眷属も頑張って修行をしています。怖い顔の狛狐に宿っている2体は勧請をされた時に一緒に来た眷属だそうです。最初の眷属ですね。その奥、拝殿の前に置いてある狛狐にも宿っていて、こちらはあとから来た眷属です。まだ修行をそんなに積んでいないので子狐に見えます。

子狐は応援を喜びます。人間が応援に行くことによって、修行を頑張ります。修行が進むと神格も上がりますし、パワーある眷属に成長します。ですから、応援に行ってもいいかな、と思った人は参拝に行くと喜ばれます。

「ご祭神みずからお出迎えしてくれることを、そのまま書いてもよろしいのでしょうか？」

「かまわぬ」

「参拝する人に何か伝えたいことがありますか？」

「供え物を持って来る人がたまにいるんだがの〜」

「はい」

「開けてくれんかのぅ〜」

「ああ、そこですね。一応書きますけど、ここに来る人、全員には伝わらないと思います。私が書いたものを読んでいない人のほうが多いですし〜」

お稲荷さんによると、ぴっちりフタをしたままお供えをされることが多いそうです。せっかく持って来てくれたお供え物なのに、お酒は飲めないし、食べ物は食べられないのです。お供え物は信仰心の表れです。口にしてやりたいという思いがお稲荷さんにあるようです。

それと、お供え物は持って帰ってほしい、とも言っていました。置きっぱなしにしていると、ゴミになるからです。

「優しい読者さんが来るかもしれないので、お聞きしておきますが、お供え物にリクエストがありますか？　お好きなのは油揚げ？でしょうか？」

「油揚げのぅ〜〜〜〜〜〜〜〜〜〜〜」

語尾を伸ばしつつ、お稲荷さんは遠くを見つめるような目になりました。

本気で笑いました。

「油揚げ、お嫌いなんですか？　お好きですよね？」

嫌いではないそうです。けれど、そればかり持ってこられると飽きる、みたいなことを言います。

「えっ！　飽きるとかあるんですか？」（神様なのに？　というニュアンスです）

「ん～～～～～～～～～～」

「どれだけ召し上がっても飽きないというお好きな物ってなんですか？」

「いなり寿司かのぅ～」

ああ、なるほど、油揚げはやっぱりお嫌いじゃないのです。けれど、そのままお供えされると味がついていないため、美味しくないのでしょう。味付けがしてあるほうがよくて、さらに、ご飯が入っているほうがお好きなようです。

「では、いなり寿司と書きますね！」

「ん～～～～～～～～～～。鶏肉もいいのぅ～」

「えっ！　鶏肉、お好きなんですか！」

「うむ」

お稲荷さんは頬をポッと赤らめたような、恥じらうような感じで返事をします。お稲荷さんにとって、鶏肉はご馳走なのだそうです。へぇぇぇー！　神様にご馳走っていう認識があるんだ～、とビックリです。

「そう言えば、北海道にいるお稲荷さんも、醤油などで味つけして炊いた鶏肉がお好きだと言っていました！」

お稲荷さんは頷きながら笑っています。

「煮たほうがいいのですね？」

煮物でも生でもかまわないけれど、味つけをして煮た物のほうが好きだそうです。鶏肉はご馳走なので持ってきてもらえたら嬉しい、と言っていました。なんだか微笑ましいリクエストです。

「煮るのは鶏肉だけでオーケーですか？」

と聞くと、そこに里芋とか蓮根とかの根菜も入っていたら、さらに嬉しいと言います。

へぇぇぇー！　ですね。根菜も好きなんだ～、と思いました。

質問を重ねることは大事ですね。北海道のお稲荷さんも同じようなリクエストをしていたので、もしかしたらお稲荷さんのほとんどは同じものが好きなのかもしれません。

ここは神社の歴史が浅いので、応援に行くと喜ばれます。

ご祭神のお稲荷さんと眷属4体しかいないので、願掛けが叶いづらいかも？　と思うかもしれませんが、手が足りない時は伏見稲荷大社の眷属に手伝ってもらう、と言っていました。ですから、そこは心配しなくても大丈夫です。

自分たちでは叶えるのが難しいという願掛けは、伏見稲荷大社に戻って、同僚というか、仲間の眷属たちに助けてもらうそうです。伏見に行ってまで叶えてやりたい願いもある、と言っていたので、大きなお願いも遠慮しなくていいみたいです。

上から目線ではなく、親しみを持って接してくれるお稲荷さんでした。これからもっともっと大きく、強くなっていく神様です。

石穴稲荷神社

福岡県太宰府市石坂2丁目13の1

一の鳥居のそばに古い石灯籠が4基あって、神仏習合の雰囲気が残っている神社です。率直な印象を言うと、ちょっとさびれているかな、と思いました。鳥居も傷んでいたし、池も枯れていたし、あちこち朽ちていたからです。

けれど、狛狐は真新しい前掛けをしていました。高価そうな布で作られた、小さな鈴がいくつかつけられているオシャレで高級品といえるものでした。ここのお稲荷さんのことを心から信仰している人がいるのだな、とほっこりしました。

拝殿にも神仏習合の「気」が残っていました。ご挨拶をして、ふと見ると、拝殿の右横から鳥居をくぐってさらに上へ行けるようになっています。石段があるのです。何があるのだろう？　と鳥居をくぐったら、そこには下駄箱がありました。

「奥宮への参拝にはこちらの履物をお使いください」と書かれた張り紙があります。そこにはゴム製の外履きスリッパが12足と草履が置かれていました。

どうして履き替える必要が？　と不思議に思いました。目の前にある石段はごく普通の石段です。カーペットが敷かれているわけではないし、枯れ葉やゴミがいっぱい落ちているのです。キレイに掃除をしているから、という理由でもなさそうです。

しかし、「履き替えてね～」と書いてあるのですから、これはこの神社のルールです。

履き替えずに行くと、眷属に絶対叱られるだろうな、と思いました。ここはお稲荷さんなのです。もしも厳しい眷属がいたら「コラー！　お前というやつはー！」と叱られるパターンだということで履き替えました。

スリッパで石段を上がると、鳥居が並んでいます。奥まで行くと、大きな石がいくつもある、やや広い場所に出ました。目立つところに石の祠があります。

ここの狛狐の前掛けは赤くてキラキラした鶴の柄でした。「素敵な柄の前掛けですね〜」と感想を言うと、狛狐に宿った眷属がニッコリと微笑んでいました。

祠の足もとには、大きな石に囲まれたほら穴のような隙間がありました。驚くことに、中に入ることができます。低い場所にある穴ですが、ちゃんとした神域であり、聖域となっていました。ああ、なるほど、ここに汚い靴で入るのは失礼だから、スリッパが用意されていたのだな、とわかりました。

中にはキツネ像が4つ置かれていて、その横に神様の名前を書いた石碑がありました。最奥部には石でできた小さなお社もあるのです。お社は屋根の部分が壊れていましたが、生き生きとした榊がお供えされていて、小さな鳥居もありました。
表にある石の祠の上の空間には、大きなお稲荷さんがいます。この神社のご祭神です。

「いつもはこの穴の中に入っておられるのですか？」

「入っているわけがないだろう」

え？　そうなのですか？　と思わず言ってしまいそうになった意外な答えでしたが、石の下にもぐるような感じで入る穴ですから、その中に神様が常時いるのは違います。しかも、この時のお稲荷さんの返答には、「そんな穴ぐらに入るのはごめんだ」「なんでワシがそこに入らなければいけないのだ」みたいなニュアンスがあったのです（笑）。

お稲荷さんは続けて、

「人間は、このような巨大な石でできた隙間があると、神秘的な場所だと考えるようだな」

と言い、ニヒルに笑っています。たしかにそうかもしれません。他の地域でもこのようなところに、石仏が置かれているのをよく見ます。

昔はただの石の隙間だった穴ですが、「神秘的な場所だ！」と思った人がここにお稲荷さんを祀ったのです。それで、お稲荷さんは人間のその考えに合わせてこの穴を聖域にしたのでした。ここで違う質問をしてみました。

「神様が得意とされるごりやくはなんでしょうか？」

「豊かな実り」

これは農作物のことを言っているのではなく、広い意味での豊かな実りです。経済的な実りもありますし、受験合格などの努力が実るというパターンもあります。実りもいろいろなのです。

奥宮のエリアに入る前に、ちゃんと靴を履き替える人は少ないそうです。多くの人は靴のまま、ずかずかと穴（聖域）にも入るらしく、そのような人の願いは聞かない、と言っていました。

靴を履き替えてこの場に来て、穴に入る……そういう心正しい人に恵みを与えるそうです。

「あれ？　神様はその穴には入らないって言っておられましたよね？　それなのに、どうして穴に入らないとごりやくがもらえないのでしょうか？　こちらの石の祠に手を合わせればいいように思うのですが？」

お稲荷さんが言うには、この穴には、神様と眷属が見えない世界の〝実り〟を入れているそうです。人間で言えば、稲穂とか穀物などを収穫して、倉庫に入れているようなものです。人間には見えないけれど、穀物庫のようにたくさんの〝実り〟が入っているのです。

そして、そこに入るということは……たとえば倉庫に入っているのが稲穂だとしたら、稲穂がたくさん積んであるところに体ごと入るわけです。大量の稲穂が体にくっつきます。すると、稲穂が持つ豊穣のパワーというか、力というか、〝豊穣運〟がいっぱいくっつくわけです。これを身にまとって帰るため、ごりやくとして豊かな実りが手に入ります。

稲穂だけでなく麦とか芋とか、実るものの種類は豊富です。稲穂は出世だったり、麦はよい縁だったり、芋は健康だったりするわけです。稲穂や芋がお金となって実ることももちろんあります。

その説明を聞いていて、疑問に思ったので尋ねてみました。

「稲穂や芋が……お金となって実るのですか?」

「同じことだ」

稲が実るのも、穀物が実るのも、柿やみかんが実るのも、お金が実るのも一緒だと言うのです。つまり、お稲荷さんという神様からすれば、稲穂もお金も、〝実る〟という現象は同じなのですね。

「鳥居のところで靴を履き替えて、この穴に入れば、必ず実りがもらえますか？」

靴を履き替える、というのは信仰心の表れである、とお稲荷さんは言います。置かれている履物を履くと靴下が汚れそう、履き替えるのが面倒だからと、靴のまま上がってくる者は、神を敬う心、信仰心がない、と言うのです。

たしかにそうだな～、と私も思います。神様の存在を信じていなかったら、叱られるかも？ということも考えないでしょうから、平気で靴のまま穴に入りそうです。神様は信仰心のない人と、心根のよくない人には恩恵を与えたくない、と言っていました。

そのような人は参拝をしても、バチが当たることはありませんが、ごりやくはもらえないと思ったほうがいいです。その点はちょっと厳しいお稲荷さんです。真面目というか、真っ直ぐな性質だからです。

「実りは限りなくあるのでしょうか？　多くの人が参拝に来たらどうなりますか？」

「お前のその本（本書のことです）が出るのはいつだ？」

「来年の秋くらいでしょうか」（参拝をしたのは２０２２年11月です）

「それまでに、もう少し蓄えておこう」

というわけで、ある程度の人が参拝しても大丈夫だと思われますが、実りをいただきたい人は早めに行ったほうがいいかもしれません。

草戸稲荷神社

広島県福山市草戸町1467

この神社に到着する30分くらい前に、急にお腹が痛くなりました。私は消化器系が強いので、若い頃は下痢をするのは数年に一度という頻度でした。少々傷んだものを食べてもまったく平気だったのです。でもここ最近は年齢を重ねてきたからか、たまにお腹をこわすようになりました。なので、それなりに用心しています。

この日は朝食でヨーグルトを食べすぎたせいか、急にお腹がキリキリと痛み出しました。うわ〜、こりゃ下痢になるな、と思い、運転しつつとりあえずトイレを貸してもらえるところを探しました。さすがにコンビニのような、トイレの数が少ないところは申し訳なくて利用できません。

ショッピングセンターとかスーパーとか、そういう大きな施設がないかな〜、と痛むお腹をごまかしつつ探していたのですが、全然ないのです。小さめのスーパーすら見つからず、あっという間に神社に到着しました。

この頃になると腹痛は激しさを増し、これって本格的にヤバいのでは……と冷や汗をかく状態でした。限界まであと少しなのです（びろうな話ですみません）。神社にもトイレはあるでしょうから「借りよう」と思うものの、腹痛がひどくて動けません。車から降りるのがやっとでした。

ドアを開けて車外に出ただけで、イタタタタタと叫ぶくらいの激痛だったのです。神社まで100メートルくらいあったと思いますが、「歩いているうちに、もらすかも～」という切羽詰まった状態でした。

駐車場から神社のほうを見たら、本殿が見えていました。

そこでお稲荷さんに助けを求めました。

「お稲荷さん！　助けて下さい！　神社のトイレを貸して下さい。痛みで歩けないので、トイレに着くまで痛みを取って下さい。というか、もれそうなんです。どうか間に合いますように！」

そうお願いした次の瞬間、歩けるくらいにまで痛みがす～っとおさまりました。「お稲荷さんが痛みを止めてくれたんだ、今だ！」と、神社のほうへ急いで行くと、鳥居の手前にトイレがありました。

地獄で仏とはこのことかと、ありがたさが身にしみて、泣きそうになりました。しかも、ウォ

シュレットつきのあたたかい便座でした。

トイレを済ませると痛みは嘘のようになくなり、いつものように元気になりました。

体調の悪さは自分ではどうしようもできません。痛いし、動けないし、歩いてトイレを探すこともできないのです。そしてそれは、自分では治せないのです。

けれど、神仏だったら治せます。お稲荷さんのおかげでトイレまで歩くことができて、無事に間に合いました。トイレがキレイだったのもありがたかったです。

「お稲荷さん、ありがとうございます！」

とりあえず合掌をしてその場でお礼を言いました。

神仏の守りや助けがなかったら、人間はうまく生きられないのではないか……ということを強く思いました。

　この神社は境内の前に細〜〜〜い道路があります。境内から見ると、神社の前にまず細〜〜〜い道路があって（横切る形です）、その向こうは川です。川の向こうにも細い道路があり、さらにその向こうには幅の広い大きな川が流れています。

　手前の川には橋（稲荷橋）が架かっていました。欄干が朱色に塗られている、二連の太鼓橋です。姿が美しい橋でした。

　意味もなく、これは渡るべき橋だ！　と思ったので、参拝する前に渡ってみました。優雅な感じで歩いて渡ったのですが、橋の向こうは細い道路です。車がすれ違うのがギリギリという道幅で、歩道はありません（そのスペースがないのです）。

　車がびゅんびゅん通るため、橋からその道路に降りることができませんでした。申し訳程度の路側帯はあるのですが、ほんのわずかな幅なのです。

　正直な話、「これって誰が渡るための橋なのだろう？」と思いました。細い道路は人の歩くスペースがまったくないので、誰も歩い

ていなかったのです。つまり、道路側からは利用できない橋なのです。もしかしたら、昔ここにあった橋がそのまま現代バージョンになっているのかもしれません。とすれば、橋は参道です。「渡るべき橋」だと思ったのはそういう意味があったのかもしれない、と思いました。

道路のほうからも橋と神社の写真を撮りたかったので、車が途切れるのをじっと待ちました。なかなか途切れず、あきらめようとしたところでお稲荷さんが、

「写真を撮りたいのか？」

と聞いてくれました。

「はい！　この赤い橋を撮りたいです」

「少し待て」

そう言うと、2〜3分後に、車が1台も来ないようにしてくれました。あわてて橋から道路に降りて、ちょっとそのへんを歩き、写真を撮ることができました。

本当に親切なお稲荷さんです。人間が困っていたり、助けを求めたりすると、即座に手を差し伸べてくれるのです。私は初参拝ですし、初めて会ったというのに、差別せずに優しくしてくれました。素敵なお稲荷さんだな〜、と思いつつ、境内に入りました。

鳥居から中に入ると、目の前には朱色の懸造《かけづく》りのような社殿があります。本殿はこの建物の上部で、一階部分が拝殿になっていました。拝殿ではちょうど祈祷が行なわれていたので、建物の左側から階段を上って本殿へと行きました。

本殿からは眺めもよく、誰もいなかったため、けっこう長い時間をここで過ごしました。あらためてご挨拶をし、腹痛を治してもらったことと、トイレに間に合ったお礼を言いました。ウォシュレットつきのあたたかい便座だったこともありがたかったので、そのお礼も言いました。

すると、お稲荷さんがこう言ったのです。

「体が冷えている」

腹痛は体の冷えからきたものだ、と教えてくれました。参拝をしたのは2月でしたから、寒い季節です。私は冷え性ではないので、冷えることをそんなに気にしたことがありませんでした。

「体を冷やしてはいかん」

「はい。そうですね。年も年ですから」

そう言うと、お稲荷さんは、

「年には関係ない」

と言います。年齢に関係なく、人間は体を冷やしてはいけないそうです。この「冷え」からいろんな病気になると言っていました。

冷えた体は正常ではありません。冷えてしまうと体のあちこちが硬くなります。細胞も硬くなった状態になることがあり、そうなると正常に働かなくなるわけです。活発に動いていない状態ですね。免疫力が低下してしまうので気をつけなさい、と言われました。

そういえば……と思い出しました。

母の妹である叔母が、若い頃にリウマチになりました。20代でしたが、症状は重く、医師には「治らない」と言われたそうです。祖父母が神様に聞いたところ、原因は体の冷えである、と言われました。そして冷えを取る方法を教えてもらったのです。

その方法というのが、ここに書くのを躊躇するほどの民間療法で、どうしても私には書く勇気がないため割愛しますが、祖父母と叔母は信じてやりました。2日、3日とたつうちに、徐々に体はあたたまっていき、1週間ほど続けた時点で、リウマチの症状がすべて消えました。

その後検査をすると、なんと！　治らないと言われたリウマチが治っていたのです。それからは一度も症状は出ず、リウマチと診断されたこともありません。

冷えはよくない、と叔母は今でもこの時のことを話してくれます。

私も今まで、冷え性じゃないからと冷えることに鈍感でしたが、今回の教えを踏まえて、これからは気をつけようと思いました。

神様は、痛みを取るとか、病気の芽を摘むとか、そういうことはできます。しかし、人間の体を長い時間あたため続けることはできません。ですから、冷やさないようにするのは、自分で気をつけるしかないのです。


草戸《くさど》稲荷神社に参拝したちょうどこの頃、世間では電気代の値上がりが何度もニュースになるくらい、光熱費が大幅にアップしていました。

「神様、今はいろんなものが値上がりしていて、電気代とかすごいことになっています。みんなやりくりが大変です。神様に祈願するのは、お金持ちになりたいとか、お金儲けをしたいとか、そのような、なんと言いますか、しっかりしたものでなくてもいいでしょうか？

たとえば、生活に余裕ができますようにとか、苦しい状況から抜けられますようにとか、願掛けというには慎ましい、ささやかな希望を話す感じです。ちょっとだけのお願いをしたい人はいっぱいいると思うのです。それがオーケーなら、本に書いてもいいですか?」

「うむ。書きなさい」

信仰心を持っていて、一生懸命に生きている人はなんとかする、と言っていました。

「神様はたまに伏見に帰ったりしますか?」

里帰りとかするのかなと、この質問をしたところ、

「年に1回帰る」

という答えが返ってきました。

「年に1回、里帰りなさるんですね」

「会議」

ああ、そうか、伏見稲荷大社で1年に1回、お稲荷さんの会議があるんだった〜、と思い出しました。

ついでに教えてくれたのは、その会議では私の名前をよく聞くそうです。まだ私が行っていない神社のお稲荷さんは、ぜひうちに来てほしい、と言っているとのことでした。待っているお稲荷さんがいっぱいいるそうで、ありがたいことです。これからも頑張って、できる限りお話を聞きに行こうと思いました。

西来院（達磨寺）

沖縄県那覇市首里赤田町1丁目5の1

本書のテーマ「お稲荷さん」は、私からハート出版さんに提案をしました。その時に「47都道府県すべての稲荷神社を書くのはページの都合で無理ですが、〝北は北海道から南は沖縄まで〟広範囲にわたっていろんなお稲荷さんを、取材しようと思っています」と構想をお話しました。

この時、北海道には稲荷神社が多くあることは知っていました。けれど、沖縄については知識がありませんでした。沖縄にもたくさんあるだろう、だってお稲荷さんだもの、と軽く考えていたのですが……沖縄には「神社」という規模の、大きなところはないのですね。

調べ尽くした結果、一番規模が大きいのは、この西来院《さいらい》にあるお稲荷さんでした。

取材をするのはここ1ヶ所だけでしたが、〝北は北海道から南は沖縄まで〟を実現するために、張り切って飛行機に乗って行ってきました。

まずは、「那覇市経済観光部観光課」のサイトから西来院についての引用です。
【開山は菊隠宗意。山号は達磨峰、寺号は達磨寺。1573~1619年に建立されたとされているが、実際の建立時期はそれよりも前にあり、観音菩薩を本尊とする寺院だった。当初は那覇市儀保町あったが、明治時代に現在地に移された。沖縄戦で消失したがすぐに再建され、テラマーイ（自分の守り本尊（守護仏）を知り、今生に感謝しながら巡礼すること）や健康、妊娠祈願などでたくさんの人が訪れる。】

駐車場は稲荷社があるスペースの一階部分でした。逆に言えば、お稲荷さんの境内は駐車場の2階（屋上）です。

車を停めて、一旦道路に出てお寺の入口から入りました。仁王さんがいる門をくぐると、右手には良縁地蔵尊が、左手には縁切り不動明王が安置されていました。とりあえず正面にある建物の階段を上がって本堂へと行きました。

本堂前には絵馬掛けがいくつかあり、そこに奉納されている絵馬の数がすごかったです。それまでは「西来院」という認識だったのですが、達磨の絵馬を見て、達磨寺で有名なのだと知りました。

撫《な》で達磨もありました。撫で達磨は、選挙に当選した時に目を入れるような、丸っこい置物ではなく、達磨大師です。びんずるさんみたいな感じで、坐禅を組んだポーズで座っており、目がパッチリしていて目力があります。何か言いたそうな表情が魅力的でした。ごりやくありそうだな、と思いました。

本堂は広くて、正面には金色の阿弥陀さんが安置され、左右にも2〜3体ずつ仏像が置かれていました。右手は授与所です。

天井には龍の絵が描かれています。お堂の天井に描かれた龍をたまに見ることがありますが、多いのは龍が横向き、もしくはやや横向きです。龍の鼻を横から見るような角度が多いです。でも、ここの龍は真正面を向いた顔で描かれていて、珍しいです。京都の天龍寺の絵が真正面を向いた龍でしたが、そのような感じです。

本堂の外陣は上がれるようになっていました。外陣はいくつかのブースに分かれていて、文机のようなものが置かれており、そこには透明の容器も置かれていました。でも、私にはそれがなんなのかわかりません。何やら沖縄独特の参拝作法があるようです。

私が本堂に入った時に、ちょうどお参りを終えて靴を履いていた人が3人いました。手には風呂敷包みを持っていたので、もしかしたら、お供え物をする人だけが上がっていいのかもしれません。

作法がまったくわからないので、失礼があってはいけないと上がるのは遠慮しました。ですから、阿弥陀さんとは会話をしていないです。ここにはお稲荷さんに会いに来たのですから、仏様はあきらめよう……と自分に言い聞かせました。

本堂（メインの建物）から外階段を数段下り、右手にある駐車場の屋上が、お稲荷さんエリアです。けっこう広い境内に、L字型とでも言いましょうか、敷地の半分にぐるりと赤い鳥居が並べられていました。

「稲荷大明神」と書かれた提灯が下がっている、入口の鳥居から千本鳥居に入ってみました。鳥居のトンネルを進むと、右に曲がったところに「達磨堂」があります。鳥居と鳥居の間に建てられているため、達磨堂の中を通過するような形で進みます。

達磨堂の中には大きな達磨大師像があり、その周囲には目を書き入れる置物の丸っこい達磨がたくさん奉納されていました。達磨大師は腕組みをし、両目を上に向けているという、ちょっぴりユーモラスな表情です。

ずらりと並ぶ赤い鳥居には、金色のマークが左右の柱に入れられています。そのマークは、達磨堂までは達磨大師、達磨堂から稲荷社までは干支になっており、鳥居入口と稲荷社入口の鳥居には龍が入れられていました。赤い鳥居に金色ですから目立ちますし、遠くから見るとキレイな模様に見えます。

ここでお断りをしておきます。現地ではお稲荷さんのお社のところには、稲荷大明神という表示しかありませんでした。なので、「稲荷社」なのか、「稲荷神社」なのか、正式な名称がわかりません。西来院にはホームページがなく、臨済宗妙心寺派なので、そちらからもいろいろと調べてみましたが、わからずじまいでした。ですので、本書では便宜的に「稲荷社」と書かせてもらうことにします。
達磨堂の先、突き当たりにお稲荷さんのお社がありました。
稲荷社の横には小さな神棚クラスのお社が置かれていて、そこは

「金運神社」と書かれていました。金運神社のお社の扉は全開となっており、中に大黒さん像が祀られていました。

金運神社の横には「だるま石」が、大・中・小と3個あり、持ち上がるかどうかチャレンジできるようになっています。

金運神社の前にあるお堂は「二尊堂」です。仏像というよりは人形のような弁天さんと、観音さんが祀られていました。

肝心の稲荷社は正面も横もガラスが嵌《は》められた囲いだったため、中が見づらかったです。反射するのです。願い事が書かれたキツネの置物が囲いの中にたくさんあり、正面には大きなお鏡が置かれていました。

囲いの中の、お社の扉はしっかり閉じられていて、大きな鍵がかけられています。ガラスの反射で中が見づらいため、なんとなくですが、願掛けをしても声が届かないような印象を持ちました。シャットアウトされている感じがするのです。

お稲荷さんもそこはわかっているようで、隣にある開運神社の、大黒さん像に宿っていました。

大黒像は親しみやすい雰囲気で、緊張せずに参拝できます。参拝者との距離も近いです。

大黒さんなので縁起がよいオーラが漂っており、福々しい感じもあります。

お稲荷さんは通常は開運神社にいて、稲荷社と開運神社のどちらの願掛けも聞いています。お稲荷さんによると、開運神社は参拝に来た人がよく見えるし、直接話を聞けるため都合がいいそうです。大黒像の居心地もいいと言っていました。


お稲荷さんは伏見稲荷大社から来ています。

どのような経路でここに？　と思ったら、このお寺の開基だったお坊さんが西来院を創建した時に、薩摩藩からプレゼントされたと言うのです。へぇぇー！　と予想もしていなかった話の展開に驚きました。

当時の琉球王国には稲荷社がなかったのかもしれません。それで、琉球王国を支配下に置いた薩摩藩がお稲荷さんをプレゼントすることを思いついたようです。初めて聞くパターンの由緒だったので、そうか、そのような由緒もあるんだ、と知りました。

当時は琉球王国でしたから、日本とは違う国ですが、大事にしてもらえそうだし、期待もされているし、何よりも菊隠お坊さんが大歓迎してくれたので、お稲荷さんは喜んで鎮座したそうです。

素敵な由来ですね。

「沖縄には大きな稲荷神社がないのですね。小さなお社はネットで見ましたが……」

「眷属だったら、28体ほど来ている」

「どういうことでしょうか?」

沖縄の人が京都に旅行をした際、伏見稲荷大社に参拝することも多いそうです。伏見稲荷大社には自主修行をする眷属がいるので「この者を守ってやろう」と、沖縄までついて来ることがあるそうです。沖縄は新天地だ、面白そうだ、という理由でついて来る眷属もいるらしいです。

正式に勧請をされたわけではなく、神棚に祀られているお稲荷さんでもありませんが、人物にくっついて来て、沖縄で修行をしている眷属がいるのです。自主的についてきた眷属ですから、守っている人物が亡くなったり、その人の信仰が薄くなったりすると、伏見に帰ります。

帰る眷属がいたり、新たにやって来る眷属がいたりするので、数はしょっちゅう変わっているそうですが、現在沖縄県で28体の眷属が頑張っていると言っていました。

「お稲荷さん、私、ここに参拝する目的のためだけに、沖縄に来ました。お話が聞けてよかったです。ありがとうございました」

最後のご挨拶をすると、お稲荷さんは優しい笑顔で頷いていました。

お稲荷さんに聞いた、達磨堂での願掛けのコツも書いておきます。お稲荷さんによると、達磨堂には仏様の眷属が、このお堂の専門として10体いるそうです。専門ですから、達磨堂でされた願掛けだけを叶えています。

達磨堂は一願成就《いちがんじょうじゅ》です。ですから、

「願いはひとつにしておけ」

と言っていました。

つまり、2つお願いをするとその時点でブー、なのです。ひとつだけです。そして、それが叶ったら達磨堂での願掛けはそれで終わりです。その後、お願いをしたい時は本堂に行くか、このお稲荷さんにお願いをします。

一生にひとつしか願えないお堂ですから、叶う確率は高いと言っていました。

稲荷神社（鹿児島五社の第三位）

鹿児島県鹿児島市稲荷町34の15

神社の名前がシンプルです。「稲荷神社」なのです。グーグルマップには（鹿児島五社の第三位）と書かれているので、これはどういう意味だろう？　と調べてみました。

鹿児島県のホームページから引用します。

【鹿児島市内で、古くから島津の城下町として開けていた上町（かんまち）一帯には、鹿児島五社（南方神社、八坂神社、稲荷神社、春日神社、若宮神社）といわれる五つの神社があり、この五つの神社を巡ってお参りする「五社参り」が昔ながらの風習として残っています。

どれも島津氏と深いつながりがあるようです。

「稲荷神社」（鹿児島五社の第三）

島津家初代忠久の母、丹後局（たんごのつぼね）は、源頼朝夫人政子の迫害を受けそうになったので、鎌倉をのがれて大阪の住吉まで来たとき、急に産気づいてきてしまい、住吉神社の境内で忠久を産みました。

そのとき、稲荷大明神のお使いの「きつね」が照らしてくれた明かりによって、無事に出産することができたという言い伝えから、稲荷神社は建てられたと言われています。

もともと、日置郡市来町（現：いちき串木野市）にあったものを、島津家九代忠国のときに、鹿児島に移したのがこの神社の始まりだそうです。

また、大正時代のころまでは、二頭の馬による流鏑馬（やぶさめ）と、稲荷の市も行われ賑わったそうです。】

境内にある駐車場（本殿の横です）で車を降りたら、すぐ目の前に小さな境内社が3つ並んでいました。左から順に、ごく普通の一般的なお社、石で作った家のようなお社、木造のオープンタイプのお社です。

境内社ですがパワーがすごいので、あとまわしにする勇気はなく、まずはここから参拝しました。

左の一般的なお社は、龍神（水神）と書かれていましたが、ヘビの神様がいました。

「ヘビの神様、こんにちは」

「お前は見えるのか？」

「はい」

この神様は、水に関することを担当しているそうですが、お金のことも願っていいそうです。ヘビの神様だと知らない人はお金のこと（金運）を願わないので、ちょっぴり残念に思っていた、と言っていました。

ヘビの神様はお金に関する願掛けを叶えるのがお得意なのです。ここのヘビの神様はお稲荷さんの眷属ではありませんから、本殿のお稲荷さんとは別に願掛けをしても問題ないです。

中央にあるのは石で作った、家のようなお社です。中は3つに分かれていました。真ん中には石板が祀られていて、ここには眷属も神様も宿っていません。

右は、もとは狛狐？　狛犬？　でしょうか。激しく摩耗しているため、もとの姿がわかりません。けれど、ここに宿っている神様がものすごーーーーく強いのです！　ビビるくらいのパワーです。境内社の一角にいる神様ではありません。

なぜこれに宿っておられるのだろう？　と思いつつも、写真を撮りたかったので先にその質問をしてみました。

「写真を撮ってもよろしいでしょうか？」

「なぜだ？」

「日本中の人に知らせたいのです」

「ん〜〜〜〜〜〜」

低い声です。簡単にいいと言いたくないような、でも断るのもどうかと迷っているような、そんな返事でした。

「ここで願掛けをしても大丈夫ですか？　叶えてくれますか？」

「ん〜〜〜〜〜〜」

これも低い声です。うん、と言ってくれません。もしかしたら、人間にはわからない何か特別な事情があるのかもしれません。そこで、一旦拝殿のほうへご挨拶に行き、そちらであれこれ見たり、お話を聞いたりして、最後にもう一度この神様のところに来ました。

すると、神様がひそかに引っかかっていた問題が解決したのか、

「願掛けをしてもよい」

と言ってくれました。パワーある神様ですから、願いは大きく叶うと思います。この神様もお稲荷さんの眷属ではないので、ご祭神とは別の願掛けをしてもオーケーです。ただし、お礼は必須の神様です。

願掛けをする時は、ちゃんと祝詞を唱え、ご挨拶と自己紹介もすべきです。「正式に願え」と言っていたので、祝詞は唱えたほうがいいです。お礼に関しては、「酒や食べ物、品物はいらない」と言っていました。「礼を言うだけでよい」とのことですから、ありがとうございましたと言いに行けばそれでオーケーです。

石で作った家のようなお社の左側には、ぐるぐるとした渦巻き状のもの（稲荷宝珠？）を抱えているキツネ像？（でも指が5本あるように見えました）が安置されています。ここに宿っているのは、もとはお塚のお稲荷さんです。けれど今は神社の眷属となっています。オープンタイプのお社には、昔、庚申塚《こうしんづか》に置かれていたのかな？という石仏、石碑が置かれていました。

この神社の特徴は「稲荷くぐり溶岩」です。

一の鳥居をくぐって石段を数段上がると、参道に短いトンネルのような感じで溶岩が置かれています。桜島から噴出した溶岩だそうで（すごく大きいです）、溶岩の中を通れるようにくり抜かれているのです。

説明板にはこのように書かれていました（読みやすいように、一字下げたり読点を入れたりしています）。

【平成七年、宮司が当社に就任の日の夜、二十年後の新たな社殿の完成と、このくぐり岩を夢に見せて戴きました。

平成二十六年十二月末、社殿改築と参道改修に伴い、神々、人々の導きにより古《いにし》桜島の爆発で黒神の浜まで流れ出た溶岩を移し、くぐり穴を開け、据え置いたところ、不思議とお稲荷様のやさしいお姿が浮かび上がりました。

また、社殿向かって右側から岩を眺めると、桜島の姿も見えます。

これ偏《ひとえ》に自然の力、神の成せる業であり、神の御霊の宿る溶岩です。

心静かに頭を下げつつおくぐりいただきご参拝下さい。】

お稲荷さんの姿が浮かび上がっている、と書かれていますが、これは「なんとなくそう見える」程度のものではありません。ハッキリとわかります。優しい顔のキツネが、目をつぶってリラックスしているような姿です。

これはお稲荷さんがそう見えるようにしています。溶岩の中を通る人を、優しい顔のキツネがお腹であたためている姿なのです。お稲荷さんが、溶岩のよい影響をもらえるトンネルだ、くぐりなさい、と教えてくれているわけですね。

桜島の溶岩パワーを利用する、というところが、さすが薩摩のお稲荷さんです。スケールが大きいな〜、と見ていたら、

「鼻の上を撫でよ」

と言われました。利き手の右手で撫でようとしたら、

「左手だ」

と言います。左手で撫でたほうがよいものをたくさんもらえるそうです。

ここがポイントです。キツネに見える顔の鼻が重要なのです。

鼻の部分の正面はちょっと削れたようになっています。横から見ると、この削れた部分の左が鼻筋だとわかります。この鼻筋部分を撫でるのです。ピンポイントでどこなのかがわからない、という人は、鼻の先っちょ全体を撫でまわすといいです。

そこに溶岩のパワーが集中しているそうです。溶岩自体が持って

いる桜島の噴火パワーは強烈です。噴火をするその力は、地球の惑星パワーなので、恐ろしく巨大で強いのです。高熱が持つパワーも入っており、くぐるだけで惑星パワーをもらえる岩です。

ですから、もちろんくぐるだけでもオーケーなのですが、そのうえさらに、パワーが集中している箇所をさわると、パワーの恩恵をたくさん持って帰ることができます。

人間の生きる力をサポートしてくれるので、健康になりますし、細胞が活性化するため病気も治りやすく、予防効果もあります。パワフルなエネルギーを充電してもらえますし、開運にも効果があるのです。

稲荷くぐり溶岩は、このようなありがたい効果が得られる特別なものであり、これはお稲荷さんのご厚意です。人間にとって非常によい作用があるので、通ったり、撫でたりしてたくさんもらって帰ることがおすすめです。

重ねて言いますが、稲荷くぐり溶岩はどこをさわっても同じではありません。溶岩のパワーは均一ではないため、たくさんもらえる場所が決まっているのです。それが鼻筋のところです。お稲荷さんがキツネの姿を浮き上がらせてくれているので、わかりやすいですね。

お稲荷さんに聞くと、そのために顔だとわかるようにした、とのことでした。

私がここに来た日は風が強くて、びゅうびゅう、ごうごう吹いていました。そこでお稲荷さんにお願いをしました。

「お稲荷さん、私、白髪だらけなのです。表面はうまく染めていますが、中は真っ白です。風がこんなに強く吹いていたら、髪がぐちゃぐちゃになって中の白髪が見えます。なんとかして下さい〜」

この時、境内には人っ子ひとりいませんでした。私以外は無人だったのです。ですから、白髪が見えたところで見る人は誰もいません。お願いした直後に、「誰もいないではないか、気にするな」と言われるだろうな〜、私だったらそう言うな〜、と思いました。

でもいきなり、私のまわりだけ風がふわっと弱くなったのです。それまでは、髪の毛が巻き上がるような強風だったのに、急にほわわ〜んっと流れるような風になりました。周囲はザワザワと風の音も大きく、木々もゆれていて、強風のままです。

このお稲荷さんは境内に誰もいないからという理由で、私のお願いを却下しないのです。私の乙女心を優先してくれました。なんて優しいお稲荷さんなのだろう、とあらためて思いました。

ここはそんなに広い境内ではありませんし、大きな神社でもありません。けれど、親身になって対応してくれる親切なお稲荷さんがいて、惑星パワーももらえます。ご祭神はお稲荷さんですから、金運の願掛けももちろんオーケーです。

思いやりの深いお稲荷さんなので、悩みを抱えている人向きです。問題をうまく解決してくれます。

王地山まけきらい稲荷

兵庫県丹波篠山市河原町92

読者さんから何通かリクエストが来ていたお稲荷さんです。名前が素敵だなと思ったので行ってみました。いつものように先入観を持たないよう、まったく下調べをせずに参拝しました。

駐車場に車を停めて、歩いて神社に向かいます。緑が美しい登山道でした。あとから見つけたマップによると、私は本経寺《ほんきょうじ》の第2駐車場に車を停めていました。そこから山に向かって歩いたので、境内には裏参道から入りました。第2駐車場からだと裏参道を行くほうが近いのです。第1駐車場だったら表参道のほうが近いみたいでした。

本経寺の駐車場に停めていいの？　と思われる人がいるかもしれませんが、大丈夫です。

まけきらい稲荷社は本経寺が奥の院として創建し、管理しているからです。

新緑を観賞しながらてくてく歩くと、神社が見えてきました。本殿の後方から境内に入ったのですが、ちゃんと手を清めるところがありました。

「こんにちは〜」とお辞儀をしているようなウサギの頭上に、水の出るパイプが置かれている手水舎です。正面からウサギを見たら、前足が三つ指をついているように見え、「ようこそおいで下さいました」と言われているような気持ちになりました。

「これはこれは、ご丁寧にありがとうございます」と声をかけ、お辞儀をして手を清めさせていただきました。

ここはお稲荷さんワールドだな〜、という境内です。仏様系お稲荷さんワールドです。
まずは正式にご挨拶を……ということで、拝殿に上がらせてもらいました。
一応神社となっているし、神社形式のほうがいいのかなと、2拍手をして祝詞を唱え始めたら……ご祭神のお稲荷さんが「違う」と首を横に振っていました。というわけで、ここでは柏手は打たず、祝詞もナシでご挨拶をします。

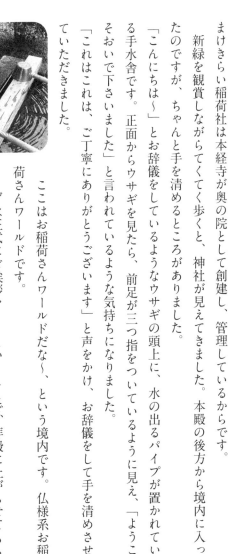

ご祭神のお稲荷さんは、五条袈裟《けさ》でしょうか、袈裟をつけています。仏様系お稲荷さんで輪《わ》袈裟をつけたお稲荷さんはたま〜に見ますが、五条袈裟をつけたお稲荷さんは初めてです。珍しいです。

拝殿内では、各種おふだといろいろなお守りが、セルフで買えるようになっていました。

ご挨拶を終え、境内をぐるりとまわってみると、境内社が何社かありました。大きな境内社だけでなく小さな境内社にも、生き生きとした榊がお供えされており、お塩やお水などもお供えされていました。

丁寧に、手厚く祀られているからでしょうか、どの境内社も明るくハツラツとした雰囲気で、境内にいるお稲荷さん全員がニコニコしていました。大事にお世話をされているのでパワーがあり、人間に対する気持ちも優しく、情も深いお稲荷さんばかりです。心を込めてお世話をするのは大切だな、とあらためて思いました。

先に境内を全部見せていただこうと、拝殿の向かいにある境内社に行きました。「平左衛門稲荷」というのぼりが立っています。石の祠でしたが、狛狐の前掛けが超豪華です。大きな俵を持った、お相撲さん姿のキツネ像もありました。この像が妙に可愛くて、惹きつけられます。

キツネ像のイラストが描かれている絵馬を見た時は「え？　なに？　これ？」と思ったのですが、実物のお相撲さん像を見て、なるほど、これを絵馬にしているのか～、とわかりました。

魅力たっぷりですから、じーっと見ていると「家に飾りたい！」という気持ちが湧き上がってきました。というわけで、絵馬を購入しました。なんだろう、この魅力は？　ここまで人を惹きつけるパワーは？　と不思議に思ったので、神社について調べてみました。

丹波篠山市公式観光サイト「ぐるり！丹波篠山」から、まずは「本経寺」に関する引用です（読みやすいように行を詰めたり、一字下げをしたりしています)。

【河原町王地山にあり、妙長山と号し、日蓮宗武蔵国池上本門寺の末寺として常陸の国土浦にありましたが、当地への移転に際し、京都の日蓮宗大本山妙顕寺の末寺となりました。開基は慶長6年。土浦城主松平阿房守信吉が実母(徳川家康姉)の供養のため建立し、妙長山本経寺と号しましたが、後に松平信吉が篠山城主になった際、現在の地に移しました。本尊仏像は慶長11年の作です。

移築の折り、土浦の城中で祭られていた稲荷大明神(吒枳尼天《だきにてん》)像も篠山に移され、王地山の地に奥の院として観請された。奥の院として稲荷が祭られた、王地山の鎮守たる王地山稲荷社の本殿・中殿・拝殿・社務所・眷属末社九社と、「まけきらい稲荷」が石の俵のうえに祭られた石社がある】

続けて、お稲荷さんについても引用します。

【王地山まけきらい稲荷

王地山公園の西側、赤い鳥居がトンネルのように続く長い石段を丘上に登ると、王地山稲荷神社と向かい合って、土俵の上にお祀りされているのが平左衛門稲荷神社です。またの名を「まけきらい神社」といい、次のような話が語り継がれています。

「篠山藩主青山忠裕公が老中であった約170年前の文政年間の頃、毎年春と夏に、江戸両国の回向院広場で、将軍上覧の大相撲が催されていた。ところが、いつも篠山藩のお抱え力士たちは負けてばかりであった。

ある年の春場所のこと、篠山から来たという王地山平左衛門ら8名の力士と行司1名、頭取1名の一行10名が現れ、土俵に上がると連戦連勝してしまった。

負けきらいのお殿様は大変喜んで、その者達に褒美をやろうとされたが、どこにもいない。

後で調べてみると、なんと全員が領内のお稲荷さんの名前だった。

そこで、それぞれに、幟や絵馬などを奉納して感謝したという。」

いまは、招福除災・商売繁盛勝利守護、それに合格成就の神として広く信仰されています。】

「えっと……それはつまり、力士さんたちがお稲荷さんだったたってこと?」と、確認のために本経寺のホームページを読んだら、そのように書かれていました。お稲荷さんがお相撲さんとなって参加し、連勝したそうです。

なるほど、これは楽しい話だし、魅力あるエピソードです。

そこで、ご祭神であるお稲荷さんに聞いてみました。

「まけきらい、となっていますが、本当に『負けたくないっ！』という人が来ても大丈夫でしょうか？　ごりやくがありますか？」

「うむ」

お稲荷さんは肯定していましたが、

「必ず勝たせるとは限らない」

とつけ加えていました。

「勝たないほうがよいこともある」

諭すような感じで語ります。勝ってしまったばかりに、せっかくよい心根に生まれているのに、よくない性格に変わることもあるそうです。勝つことで、人生が悪い方向に流れてしまうこともあると言います。その人の人格や人生が、よくないほうに傾くかもしれない、という場合は、あえて勝たせないそうです。

「太宰府天満宮や北野天満宮の神様も同じことを言っていました」

「そうか」

お稲荷さんは頷いて、話を続けます。ここにも受験生が祈願に来るそうです。受験も同じで、合格させないほうがいいとなれば、落とす、と言っていました。本人や状況をしっかり見て、判断しているそうです。

実は、私の息子は高校受験に失敗しています。受かるはずの成績だったのに、神様がたくさん守っているはずなのに、不合格でした。息子が将来の夢を実現させるために受けた、第1志望校は不合格だったのです。

これには、本当に驚きました。ありえない、とまで思いました。合格が確実という圏内にいて、私の実家には太宰府天満宮から来ている神様もいるのです。

受験に敗れたショックからか、息子は描いていた未来の夢をそこで捨てました。それから、派手にやさぐれて、勉強をまったくしなくなりました。大学には行かず、専門学校に進み、社会に出ました。

専門学校で学んだことを生かす業種の会社に就職すればよかったのでしょうが、全然違う仕事に就いた息子は、ここから大変苦労をしました。大学に行かなかったことで屈辱を味わい、悔しい思いをたくさんしたようです。

息子には、会社員としての出世の道はありませんでした。

ここまでなら、高校受験を失敗したせいで、人生がむちゃくちゃになった、と言っても過言ではないかもしれません。神様が第1志望校を落としたせいで……と、信仰がなければ、神様を恨むところです。

けれど私は、神様は将来を見て判断したはずである、と信じていたというか、わかっていたので、息子にもそこがわかるように、折にふれて話をしてきました。

大学卒業という学歴がないのは仕方がありません。高校で勉強をしなかったのは息子だからです。大学に進学しないと決めたのも息子です。

学歴がないので、会社員としての輝かしい未来はない、ということは自覚すべきです。

「成功をしたいのなら、自分の力でなんとかするしかないよ」と、これはもうしつこいくらい、繰り返し繰り返し、言い続けました。

「自分で何か大きなことをするために、学歴がないようにしたのかもよ？」

これも何度も言いました。いい大学を出て一流企業に就職したら、そこから冒険をするのは難しいように思います。というか、冒険をする必要はありません。

もしも生まれる前に、何か大きなことをやりたい、大きな成功をつかむ人生にしたい、と計画していたのなら、学歴がないことはマイナスではなく、チャンスなのではないか、ということを、息子がどんなに面倒くさそうに聞いていても、繰り返し言いました。

10年くらいかかって話し続けた結果、やさぐれまくっていた息子は少しずつ変化していきました。そしてついに一念発起し、そこからガラリと変わりました。

現在、息子は会社を設立し、ビジネスを頑張っています。収入も以前に比べ、驚くほど大幅に増えており、経営も順調です。これから会社はますます大きくなっていくのだろうと思います。

高校受験を失敗したおかげで、今の息子がいます。

もしかしたら、生まれる前に、会社経営者として生きていく予定を立てていたのかもしれません。だとしたら、高校受験の時に息子が描いていた夢は、人生の計画とは異なっていたわけです。

何が幸運なのかは、人生が終わってみないとわかりません。

その時の考えで、「どうして不合格にしたのですか！」と、神仏に文句を言いたくなる気持ちもわかります。

けれど、確実に言えるのは「神仏は間違えない」ということです。叶わなかった願い事は、叶わないほうがいい、ということもあるのです。

お稲荷さんのお話を聞いて息子のことを思い出し、不合格にしてくれてよかった、としみじみと思いました。

五条袈裟をつけたお稲荷さんなので、

「ここで願掛けを叶える以外に、仏様のお手伝いもしていらっしゃるのですか？」

と聞いてみました。

お稲荷さんは力強く頷きます。日蓮上人をものすごく尊敬しているそうです。日蓮さんのところに日蓮さんのお手伝いをしたい！　と思ったお稲荷さんは、なんと！　日蓮さんのところに「弟子入りさせて下さい」と直談判しに行ったというのです。

えっ！　お稲荷さんが！　仏様のところに？　と驚きました。

目を真ん丸にして続きを聞くと、日蓮さんは、

「仏の手伝いをしたいのか？　ならば弟子にしよう」

と受け入れてくれたそうです。

ええーっ！　そうなん！　と、さらに驚きました。

日蓮さんは、お稲荷さんでも仏様のために働こうという熱い気持ちがあれば、人間と同じで差別はしない、というお方らしいです。

弟子にしてもらえたお稲荷さんは、日蓮さんのために一生懸命に働きました。それが認められて、稲荷社ができた時に日蓮さんにここを任されたのです。お稲荷さんはありがたくて号泣したそうです。

ですから、今でも日蓮さんの弟子である、という気持ちは変わらないそうです。まけきらい稲荷は有名ですが、

「ワシが偉いわけではない」

と、お稲荷さんはとても謙虚です。

神社に願掛けに来た人の願いは、どれを叶えるのか、どのようにして叶えるのかなど、日蓮さんは一切口出しをしないそうです。すべてをお稲荷さんに任せているからです。そこには厚い信頼があるのでした。

「日蓮上人は素晴らしい仏である」

お稲荷さんが力説していました。本当に心の底から尊敬しているのです。

日蓮さんに会ってみたい！　と私はかなり前から切望しているのですが、日蓮さんは私の前に姿を現してくれません。最澄さんが言うには、宗教の諸事情で出てこないのだろう、とのことです。

まけきらい稲荷のご祭神であるお稲荷さんは仏様系ですから、見えない世界の部分に関してもも強いです。悪いものを祓うとか、憑いている幽霊を祓うなどもしてくれますから、そちら方面で困っている人にも頼りになるお稲荷さんです。

伊豫稲荷神社

愛媛県伊予市稲荷１２３０

四国に行く前に、取材する稲荷神社を数社ほど選び、レンタカーで順番にまわりました。しかし、ここは書けないというところがあったり、小さくて、もしくは氏神様的なお稲荷さんで、全国の人に向けて書くお稲荷さんではないという神社が続いたりと、なかなか本に書ける神社にめぐり合えませんでした。

そんな中、伊《い》豫《よ》稲荷神社は話題たっぷりでありがたかったです。

境内は駐車場から3分ほど歩いたところにあります。赤い一の鳥居の向こうには赤い楼門が見えていて、華やかな雰囲気です。入口に由緒板があり、そこには神社の創建が弘仁年間であることが書かれていました。弘仁は、８１０年9月から８２４年1月ですから、歴史のあるお稲荷さんです。伏見稲荷大社から勧請したことも書かれていました。

拝殿は思ったよりもこぢんまりとしていて、落ち着いた印象を受けました。ここでほっこ

りさせてくれたのは狛狐です。独特な姿の狛狐が置かれていました。

最初はキツネに見えず……え？　これってキツネ？　と二度見したくらいです。すみません、申し訳ないのですが、キツネに見えないです……と思いつつ、ぐるりとまわって横から見たら、姿勢が猫背でした。うわ～、なんだかものすごく癒やされる～、というポーズだったのです。

顔は怖いのですが、今まで一度も見たことがない狛狐像です。もしかしたら、この神社のオリジナルなのかもしれません。

イラストで描かれた大きな境内案内図が置かれていたので、見てみると本殿後方に「久美《きゅうび》社」があります。そう言えば……読者さんからのメッセージで、たしか久美社のリクエストがあったような……とうろ覚えの記憶があり、とりあえずそちらに行ってみました。

境内社の恵比須社の横を通って、奥へと登って行きます。千本鳥居のトンネルを進んで、左折し、さらに少し進んで今度は右折します。そこでお堂が見えました。紅白に彩られた、やや古い建物があって、その中に小さなお社が2社置かれています。

2社の手前には、狛狐をはじめ何体かのキツネの置物があったのですが、それが霞んでしまうほど、お供え物の量がすごかったです。お酒やお菓子、果物などが所狭しと置かれていました。どれも新しいお供え物でしたから、しょっちゅうお礼参りや、祈願をされているようです。願いを多く叶えているお稲荷さんのようです。

一番手前には授与品（おふだ、お守り）とおみくじが置かれていました。天井からはたくさんの提灯が下げられていて、にぎやかで活気のある雰囲気です。

実際、ここには強いお稲荷さんがたくさんいるので、そういう意味でも、豪華なお堂です。パワーあるお稲荷さんが集結しています。

時間を少し戻しまして……恵比須社の横を通って、千本鳥居のトンネルを進み、右折してお堂が見えた瞬間、堂内に黒っぽい服を着た男性が見えました。合掌していたのです。「先客がいるんだな」と思いました。

その人と参拝が重なるのは気まずいな、とも思いました。広いお堂ではありませんから、中に見知らぬ人と2人でいるのは気を使うな〜、と考えたのです。それでそこからはゆっくりゆっくり歩きました。

しかし、その男性は人間ではなさそう……という雰囲気もありました。もしかしたら……とお堂に着いて、中をのぞいたら誰もいませんでした。消えていたのです。

先にこの人物のことを説明しますと、この方は生前、久美社のお稲荷さんを厚く信仰していたそうです。死んだのち、成仏をしてから、「お稲荷さんのお手伝いをさせて下さい！」とお願いに来ています。

お稲荷さんは、「お前はもとが人間なので、ここで働いても修行にならない。神になれない。ただ手伝いをするだけだぞ」と諭したそうですが、男性は「かまいません」とそこは納得ずみだったそうです。

許可をもらった男性はそれ以来、せっせとここで働いています。

「男性はどんなお仕事をしているのですか？」

ここのお稲荷さんは、苦手な人間がいる、と言います。その種の人間が来た時は、男性に後始末をしてもらうそうです。

「えっと？　苦手な人間とは……どのような人でしょうか？」

言っている意味がサッパリわからなかったので、まずはそこから聞きました。

お稲荷さんが苦手なのは、「欲」の皮が突っ張った人だそうです。その理由は参拝時に「欲」を落としていくから、だと言います。

へぇぇー！　欲って落ちたりするものなんだ、と驚きました。

続きを聞くと、欲を神前に落とされると、神様と眷属はなんとも言えない、どんよりとした気持ちになるそうです。非常に居心地が悪くなる、不快になる、と言っていました。

けれど、さきほどの男性は神様でも眷属でもありませんから、不快な気分になることはありません。欲の毒素に影響されないのです。それで、男性が落とされた欲の処理している、というわけです。

ごりやくがある、霊験あらたかである、と噂になれば、欲の皮が突っ張った人もやって来ます。その欲の皮の突っ張らせ方がひどい人……というのも変ですが、欲深度が一般人よりはるかに強い人がいるのです。

一般的な「お金がほしい」程度の思いだったら、問題ありません。

けれど、常に「金金金金金金金金金金金金金」と、お金のことばかり考えている人もいるわけです。この世の何よりもお金が大事で、愛する人よりもお金を優先する、もしも愛する人とお金が池に落ちたら、お金を助けるという人です。

このような人が願掛けをすると、欲を落とします。そうすると、神様や眷属は困ります。不快な気分になり、息苦しくなるのです。欲の毒素があたりを毒々しい世界に彩るからです。

それで男性が片付けをしています。尊いお仕事をしているのですね。

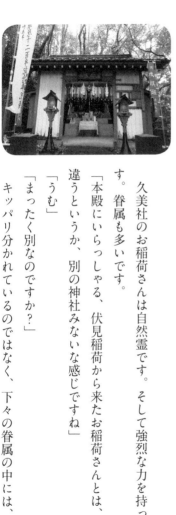

男性はしばらく隠れていましたが、最後に出てきてくれて、神様や眷属と一緒に笑顔で見送ってくれました。最初に見た時は、男性がいるところが影になっていたので、黒っぽい服だと思ったのですが、目の前で見るとグレーの服でした。明るいグレーの「服」です。作務《さむ》衣《え》のような感じの作業しやすいものを着ていました。

久美社のお稲荷さんは自然霊です。そして強烈な力を持っています。眷属も多いです。

「本殿にいらっしゃる、伏見稲荷から来たお稲荷さんとは、管轄が違うというか、別の神社みないな感じですね」

「うむ」

「まったく別なのですか？」

キッパリ分かれているのではなく、下々の眷属の中には、本殿と久美社を兼任しているものがいると言っていました。そういう意味では、完全に分かれている別の神社というわけではなさそうです。

伏見から来たお稲荷さんは本殿にいて、自然霊のお稲荷さんは久美社にいて、お互いが眷属をうまく使って、人間の願いを叶えています。側近の眷属は職場（ついている親分）を変えることはありませんが、下々の中にはどっちにも仕えるものがいるのです。言ってみれば、ご祭神が2柱いる大きな神社という感じでしょうか。

久美社での願掛けはなんでもいいそうです。お稲荷さんですが、病気平癒も叶えると言っていました。事業を軌道に乗せることもしてやるし、縁結びもしてやる、とのことです。

側近の眷属たちもとても強いので、ほぼなんでも叶うのでは？　と思います。ただし、欲を落とす人は敬遠されますから、「金金金金金金金金金金金金金」と思いつつ行かないようにすることがポイントです。

神前に置かれている授与品の中に、「つげ」でできたキツネ姿の金運のお守りがありました。金色の鈴つきで700円です。

「神様？　このお守りはかなりパワーがあるので、買った場合、この神社に返しに来たほうがよいのでしょうか？」

「そこまでしなくてもよい」

「近所の神社にお返ししてもかまいませんか？」

「かまわぬ」

では、ということで買いました。このお守りはパワーがあって、一般的なものよりも波動が濃厚です。これを持っていたら、下っ端ではない側近の強い眷属のどなたかが、時々見に来てくれます。そのためのお守りなのです。

波動の有効期間も普通のお守りより長く、通常は半年ですが、これは1年です。そして、その1年を過ぎても、もしも気に入ってもらえたら、巡回コースに入れてもらえるそうなのです。

こんなに強いお守りが700円は安い！ということで購入しました。


本殿は堂々とした立派な造りの社殿です。

久美社から本殿エリアに戻って思ったのは、本殿の社殿と久美社のお堂の違いです。伏見稲荷大社から来たお稲荷さんは、本殿に祀られる正式なお稲荷さんというか、正統派というか、祀られるのは本殿なのだな～、と思いました。

どんなにパワーがあっても、強大な力を持っていても、自然霊の神様がそのまま本殿に祀られることはなさそうです。正統派じゃないからでしょう。

ここのご祭神は慎ましい雰囲気のお稲荷さんで、

「ワシがこのような立派な本殿に祀られているのは、久美社の稲荷よりも神格が高いからではない。力が優っているからでもない。伏見から来たからだ」

と言っていました。誤解のないように言っておきますが、伏見稲荷大社から来ていることを自慢しているのではありません。事実を教えてくれたのです。

ここは歴史のある神社です。神様は由緒に書かれている時代よりももっと前からおられます。私はここに来る前に、徳島県でも香川県でもいくつかのお稲荷さんに参拝しました。でも、どこも小さなお社クラスで、「神社」というほどの規模ではありませんでした。そして神様も古くなかったのです。

それに比べるとここはだいぶ古いです。空海さんが四国からお稲荷さんを追い出したという説があるそうですが、それは違います。空海さんの時代よりも古いからです。

「伏見稲荷に行っておるのか？」

「最近はまったく行っておりません。なかなかチャンスがなくて……」

「伏見の神が会いたがっていたぞ」

フフフ、と意味ありげに笑っていました。

久美社に長居をしたので、ご祭神のお稲荷さんとは多くの話ができませんでした。それで、「問題なければですが、眷属のどなたかに駐車場までご一緒してもらうことはできませんか？」

とお願いをしてみました。

お稲荷さんは快くオーケーしてくれて、眷属を1体つけてくれました。駐車場まで3分でしたが、少し話ができました。

眷属にお礼を言って、車に乗り込みます。「でも、なんかまだ話し足りない気分だわ～」と思いつつ、気配を感じて横を見たら……眷属が助手席に座っていました。狛犬みたいな感じで、前を向いています。あまりにもほのぼのとした雰囲気で座っているので、思わず笑みがこぼれました。

すると眷属はこちらを向いて、

「空港に着くまで付き合ってやる」

と言ってくれました。

「久美社では、欲を落とされることをイヤがっておられました。落とされたら、お手伝いをしている、もと人間の男性が片付けているそうですが、本殿のほうはどうなのでしょう？」

眷属によると、当番の眷属が片付けている、とのことです。眷属は皆、欲を処理するのがイヤというか、苦手なのです。それで公平に交代でやっているそうです。ちなみに、神様はその欲をさわれない、処理できないと言っていました。金金金金金金という汚い欲だからです。

「どうして、欲が落ちるのでしょう？　どのように落ちるのですか？」

眷属の説明はこうです。

願掛けをすることは、表現を変えると「神様に願いを渡す」ということです。病気を治してほしい、志望校に合格したい、という自分がもっている願望を差し出して、神様に受け取ってもらうのです。

欲を落とすというのは、神様に受け取ってもらえない欲（欲まみれの願い）を、勝手に置いて帰る、ということです。

つまり、欲深い人が参拝に行ったからといって、体から欲がポトポト落ちるわけではありません。願掛けをすることで、勝手に置いていくのです。ですから、欲張りな人が神社に来たとしても、願掛けをしなければ、欲を落とすことはありません。

本殿でも欲を落とされると困るので、片付けていたのです。

「それは人間も同じだ」

「え？　どういう意味でしょう？」

たとえば、親子とか、夫婦、恋人、親友など、親しい関係の人、大好きな人に「お金を貸して」と言われたとします。1回や2回なら、快く貸せると思います。

けれど、会うたびに「貸して」と言われたら？　会うたびにお金の無心をされたら？　それをどう思うか、と聞かれました。たしかに、どんなに好きな人でも、どんなに親密な関係の人でも……お金をちょうだい、ちょうだい、と会うたびに言われたら……不快な気分になるように思います。イヤな気持ちになるかもしれません。

「そうなったら、心が離れていかないか？」

たしかにそうかも、と思いました。自分がどんなにお金持ちで、お金をたくさん持っていたとしても、イヤ〜な気持ち、どんよりとした気持ちになりそうです。

それはケチだからではなく、相手が「欲」を、自分のところに置いていくからだそうです。何回もお金の無心をされることで、その欲が自分のところにたまっていきます。片付けてくれる眷属がいないので、たまり放題です。すると不快がどんどんふくらんで、心が離れていく……というわけです。

人間には欲が見えないので、この仕組みがわかりませんが、魂はわかっています。ですから、欲を置いていかれると不快になり、逆に、人に欲を渡すような時は、申し訳ないと恐縮するのです。

人間が相手だと願掛けはしませんが、お金を貸して！　と〝頼む〟〝お願いする〟という行為は願掛けと同じなのです。


「あの？　たとえばですが、病気平癒や縁結びなど、思いっきり、必死で願った場合、神前に何か置いていているのでしょうか？　これも欲になりますか？」

「それは〝欲〟ではない」

私も、病気を治してほしいというお願いは、欲ではないように思います。素敵な人と出会いたい、と思うのも、欲ではなさそうです。物欲、金銭欲とは種類が違うからです。

「えっと、ここで不思議に思ったのですが、会社の繁栄祈願はいいのでしょうか？　久美社のところには社名で祈願が書かれていましたし、会社名でののぼりもたくさん立っていました」

会社の繁栄を願うのは、欲とは違うそうです。

「えーっ！　そうなんですか！」

お金お金お金！　と思うのと、会社の繁栄を願う、その違いは何？　と思ったら説明してくれました。

会社の繁栄を願ってそれが叶うと、従業員の暮らしが上向きになります。資金を多く持つことで、お客さんによいものを提供することができるようになり、社会に貢献できます。複合的なよい結果（多くの人が救われる、助かる、喜ぶということです）が得られるので、事業の繁栄祈願は欲ではないそうです。

なるほど、それで大企業の企業内神社にいる神様は、会社を大きく繁栄させているのかと腑に落ちました。パナソニックやトヨタ、資生堂をはじめ、企業内神社を持っている会社は多いです。

お金が入ることを願っても、そのお金の使い道が子供の学費とか、手術費用とか、頑張った自分にご褒美として旅行に行きたいとか、家を購入したいとか、そういうのは欲にまみれていません。なので、金運アップを願っても問題ないというわけです。

伊豫稲荷神社は2柱のご祭神がいるような神社です。本殿と久美社で別の願掛けをしてもいいですし、どちらか一方だけに参拝するのもかまいません。

久美社にお供え物を持って行く人は、お手伝いの男性の分として、お赤飯やいなり寿司などのご飯もの、もしくは和菓子を持って行くと、男性にもお稲荷さんにも喜ばれます。

富隈稲荷神社

鹿児島県霧島市隼人町住吉1881

グーグルマップには「富隈《とみくま》稲荷神社（富隈城跡敷地内）」というふうに表示されています。富隈城ってどんなお城？　というわけで、簡潔ですがわかりやすい「ＪＲおでかけネット」の情報を引用いたします（読みやすいように一字下げや改行をしています）。

【富隈城跡

島津家16代義久により築かれた平山城跡で、文禄4年（１５９５年）～慶長9年（１６０４年）までの約10年間居城した。

義久は、豊臣秀吉の島津征伐（九州平定）に敗れて降伏し、それまで居城としていた鹿児島の内城を退去させられ、その際に、移り住んだ場所。隠居城ともいわれている。

現在、城の跡地内には、島津氏が氏神として崇拝した稲荷神社が祀られている。

北側と東側には堀跡が、西側と東側には、肥後八代の石工が築いたものとされる野面積み石垣が残っている。石垣の南東隅には、加藤清正寄進と伝えられる清正石という巨石がある。

市指定史跡。】

現地の案内板には、ご祭神が6柱祀られていることが書かれていました。

もともと住吉社だったそうですが、永和元年（1375）に、島津家の元祖である島津忠久、忠久夫人を合祀し、さらに島津義久が富隈城に居住していた慶長4年にお稲荷さんを勧請したそうです。

城跡ですから、周囲は緑に囲まれており、広くて気持ちがいいです。お堂タイプの本殿を見た時に、古いお稲荷さんであることがわかりました。由緒正しい印象だったので、伏見から来られたのだろうな、と思いました。

実は、ここに来るなりうっかり「写真を撮らせてください」と言ってしまいました。ご挨拶もせずに、です。言ったあとで、あ、しまった！　ここはお稲荷さんだった！　と頭をかかえました。

多くのお稲荷さんの眷属は、ご祭神への忠誠心から、「祝詞が先」「挨拶が先」と言います。写真を撮ることに関してはオーケーなのですが、まずご祭神に挨拶をしなさい、と言うのです。

それが礼儀として正しいのですから、私も通常はそのようにしています。けれど、たま～にそのへんのことを思いっきり失念して、「写真を先に撮っておこうかな」と思ったりもするわけです。この時もそうで、「しまった！」と思いました。

すると、質問の直後に、狛狐が「うむ」と涼しい顔で答えたのです。えーっ！　いいんだ！　と逆に驚きました。

「よろしいのですか？」

「かまわぬ。なぜだ？」

「えっと、多くの稲荷神社では、行ってすぐに写真を撮ろうとすると、『祝詞が先』とか『挨拶が先』と眷属に注意をされます。もちろん、礼儀としてそうすべきなのですが、うっかりすることもあって……」

「ここではかまわぬ」

おっとりした性質の眷属で、なごやかに答えてくれます。ご祭神のお稲荷さんもこの会話を笑顔で聞いていました。どうやら富隈お稲荷さんは、ここに鎮座する前から大切に祀られていたようです。相当古いお稲荷さんです。

「この神社に面白いエピソードとか、他のお稲荷さんとは違う、何か特別なものはありませんか？　ここに来る前に参拝したお稲荷さんは、境内に桜島の溶岩のトンネルがありました」

「ああ、あの稲荷か」

顔見知りのようでした。

「この神社にも何か特徴はありませんか？」

「ううむ……」

この質問をすると、どの神様も「ええっと……？」みたいな感じで考えてくれます。これを特徴と言ってもいいのか？　人間に余計な期待をさせることにならないか？　みたいな感じで真面目に検討してくれるのです。その様子を見ていると、真心が伝わってきて、「神様は優しいな」といつも思います。

しかし、富隈神社ではあっさりと「ない」と言われそうな気配だったので、質問をしてみました。ここは、たった10年だったとはいえお城があったところです。そのへんのことを聞きました。

「登城していた武士はみんな、頻繁にお参りしていたのですか？」

「信心深いかどうかは人による」

言われてみれば当たり前なのですが、武士にも信心深い人と、そうではない人がいたそうです。信仰心の厚い人は、登城した際には必ず挨拶をしていたそうです。挨拶を欠かさない人もいれば、手を合わせない人もいました。

けれど、普段はまったく手を合わせない人でも、窮地に追い込まれたり、困った状況になったりすると、「助けて下さい」とお願いに来たそうです。

「それって神様からするとどうなのでしょう？　普段は無視して素通りしているのに、自分が苦しい状況になったからと手を合わせるのは……」

「そのために神がいる」

「え！」

「それはそれでかまわぬ」

ええーっ！　かまわないんだ！　と、またしても驚愕の答えです。

人間には信仰の自由がありますから、どの神様、どの仏様を信仰するのかは自由です。昨日まで神様を信仰していたけれど、いきなりやめて、今日から仏様を信仰する、お寺に通う、というのもオーケーです。

足しげく通っていた神様のところに行くのをやめ、別の神様に参拝するのもまったく問題ありません。このことに関しては私も理解しています。

けれど、それまでは見向きもせずに神社の前を素通りしていた、無視していた、神仏をバカにしていた人が、困った状況になったからといって「助けて下さい」と態度をひるがえす……これもかまわない、ということは知りませんでした。

お稲荷さんによると、その武士は信仰心がなく、お稲荷さんに手を合わせていた者を、フフンと鼻で笑っていたそうです。しかし、自分ではどうしようもできないトラブルに巻き込まれ、溺れる者は藁をもつかむ心境で、お稲荷さんのところに来たと言います。

もちろん、お稲荷さんは願いを聞いてあげました。

すると、それからその武士は信仰に目覚め、人をバカにすることもなくなり、よい性格へと変わったそうです。

ああ、そうか、これも信仰の自由なのだ、と気づきました。「神仏なんていない」「幻想だ」と思うのは自由です。もっと突っ込んで言えば、「いもしない神に挨拶をするとか、願い事をするやつはバカじゃないの？」と思うのも、自由なのです。信仰をしない自由、信仰を否定する自由です。

けれど、ある日、人間ではどうしようもできない事態が発生した。ヤバい、下手をしたら切腹かもしれない。神なんていないだろうけど、万にひとつの可能性でいるかもしれない。ダメもとでお願いしてみよう……というのも信仰の自由なのですね。今までは信仰しなかったけれど、今日から信仰します、という。

人間からすると自分勝手と思える態度ですが、神様はそう思わないのです。神様の度量は大きいですね。

「神様、お城とお稲荷さんで思い出したのですが、たしか、豊臣秀吉さんが信仰していたという、出世稲荷神社があったように思います。私は行ったことはないのですが、読者さんからのメッセージで存在を知りました。お稲荷さんで出世専門とかアリなのでしょうか？」

「アリ」

お稲荷さんにも「ワシはこれが得意なのだ！」と、ひとつのごりやくに特化した神様がいるそうです。出世は出世で、そちらが大得意のお稲荷さんがいるとのことでした。

ここは富隈稲荷ですから、「富」という漢字の印象で、

「お稲荷さんは、富ませることはお得意ですか？」

と聞いてみました。お稲荷さんはフフフと笑って、

「ワシはよろず相談の稲荷かの〜」

と言います。

「よろず相談……？」

お城に勤務していた人たちにも、人間関係のごちゃごちゃがあったそうです。悩んでいた人が多かったし、その解決を願いに来る人も多くいました。その願いを聞いて、うまく調整していたそうです。

家族に関する悩み、生活の悩み、健康の悩みなど、お願い事は多岐に渡り、その面倒を見ていたお稲荷さんです。まさによろず相談を解決する専門の神様だったのです。

この神社にはお稲荷さんしかいませんでした。ですので、他のご祭神となっている神様に遠慮することなく、お稲荷さんにお話をしたり、願掛けをしたりしても大丈夫です。

第5章
これまでに紹介した稲荷神社

北海道

千歳神社　北海道千歳市真町1

尻尾がたなびいている自然霊のお稲荷さんです。霊力がすごいです。白いキツネのお姿ですが、時々黄金色に見えます。境内にある「幸井《さちい》の水」にも力があります。

※2017年7月14日『ブログで紹介』

札幌伏見稲荷神社　北海道札幌市中央区伏見2丁目2番17

ご祭神は眷属とともに伏見稲荷大社から来ています。とても気さくで会話が楽しいお稲荷さんです。「願石《ねがいいし》」には力が強く、情に厚いお稲荷さんが宿っています。

※2017年7月5日『ブログで紹介』

樽前山神社　境内社「稲荷社」　北海道苫小牧市字高丘6の49

経験の浅いお稲荷さんですが、やる気満々です。願掛けに来た人を全員助けてあげられるような、大きくてパワーあふれる神様になる、という理想を持って頑張っています。

『あなたにいま必要な神さまが見つかる本』PHP研究所

岩手県

盛岡八幡宮　境内社「笠森稲荷神社」　岩手県盛岡市八幡町13の1

自然霊で高い山にいるお稲荷さんです。力が強く、神格も高いです。お社の前で祝詞を唱えると山から降りてきます。眷属もいっぱいいます。

『100年先も大切にしたい日本の伝えばなし』KADOKAWA

櫻山神社　境内社「南部稲荷神社」　岩手県盛岡市内丸1の42

烏帽子《えぼし》岩のパワーにプラスして、地中からのエネルギーが放出されている境内にお社があります。もとが人間だった4柱の神様の会議に参加する優しいお稲荷さんです。

『100年先も大切にしたい日本の伝えばなし』KADOKAWA

程洞《ほどほら》稲荷神社　岩手県遠野市遠野町2地割

山岳系のお稲荷さんです。カラッと明るくて陽気であり、眷属たちもすごく面白いです。天然水の手水は聖水なので、悪いものを祓うパワーがあります。

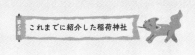

『神様が教えてくれた金運のはなし』幻冬舎

亀麿《かめまろ》神社　境内社「稲荷神社」　岩手県二戸市金田一長川字41

子どものお稲荷さんがいます。修行が足りなくて子狐に見えるのではありません。本当に子どもなのです。境内で亀磨神社にいる座敷わらしと一緒に遊んでいます。

『神様が教えてくれた金運のはなし』幻冬舎

山形県

垂水遺跡　山形県山形市山寺

円仁さんが修行をした、強力なパワースポットの岩の上にお社があります。山岳系お稲荷さんなので神格が高く、里のお稲荷さんとはレベルが違います。

『あなたにいま必要な神さまが見つかる本』ＰＨＰ研究所

宮城県

定義《じょうぎ》如来　西方寺　境内社「稲荷神社」　宮城県仙台市青葉区大倉字上下1

小さなお社ですが、眷属クラスではなく神様のお稲荷さんがいます。ペアで3組の眷属を持っています。お寺の境内社ですが、神社として参拝すると喜んでもらえます。

『ごほうび参拝』ハート出版

福島県

高屋敷稲荷神社　福島県郡山市白岩町高屋敷277の2

運気が上がる要素がたくさんある縁起のよい神社です。両手を広げてニコニコし、「さあ、飛び込んで来なさい」という感じのする、包容力あるお稲荷さんです。

『あなたにいま必要な神さまが見つかる本』ＰＨＰ研究所

（注）東日本大震災の津波被害に遭った神社は回復具合がわからないので、載せるのを遠慮しました。

新潟県

寶徳《ほうとく》山稲荷大社　新潟県長岡市飯塚870

規模の大きい建物が印象的な神社です。「魔」にもちょっぴり強いお稲荷さんで、「稲荷神」という種類の色が濃い、独特のお稲荷さんでもあります。力があって頼りになります。

『開運に結びつく神様のおふだ』ハート出版

栃木県

滝尾《たきのお》神社　境内社「滝尾稲荷神社」　栃木県日光市山内

強い眷属がいる稲荷神社です。お稲荷さんは願掛けを叶えることを頑張ると言っていましたし、眷属はとても礼儀正しいです。訪れる人が少ないのはもったいないというお稲荷さんです。

『神さまと繋がる神社仏閣めぐり』ハート出版

須賀神社　境内社「稲荷神社」　栃木県小山市宮本町1丁目2の4

牛頭天王の神社ですから、眷属はみんな妖怪っぽい、エイリアンみたいな姿をしています。そこに混じって普通のキツネ姿で鎮座しています。正式な境内社のお稲荷さんと、手水舎の横にお稲荷さんがいます。

『開運に結びつく神様のおふだ』ハート出版

群馬県

於菊稲荷神社　群馬県高崎市新町247

於菊さんという女性がお稲荷さんのお手伝いをしています。もとが人間だと稲荷社で修行を積んでも神様になれませんが、於菊さんは未来永劫下働きでいいと納得して、お稲荷さんと眷属のために頑張っています。

『神様のためにあなたができること』ＰＨＰ研究所

冠《かんむり》稲荷神社　群馬県太田市細谷町1

もともとのご祭神（お稲荷さんではありません）に眷属として仕え、今は大きな神様となっているお稲荷さんです。境内には悪縁を断ち切る磐座《いわくら》があり、専門の眷属がいます。妖力を持ったお稲荷さんがいる境内社もあります。

『ごほうび参拝』ハート出版

茨城県

御岩神社　境内社「稲荷総社」　茨城県日立市入四間町752

とても気さくな性質のお稲荷さんで、眷属たちも陽気で明るいです。普通に世間話ができるお稲荷さんなので、参拝すると心がやわらぎます。

『にほんの結界ふしぎ巡り』宝島社

笠間稲荷神社　茨城県笠間市笠間1

軍神？　というくらい威厳のあるお稲荷さんです。鼻のまわりにヒゲがもしゃもしゃと生えている珍しいお顔です。ご自身が出世しているので、立身出世に強いです。

『にほんの結界ふしぎ巡り』宝島社

筑波山神社　境内社「朝日稲荷神社」 茨城県つくば市筑波1

出世稲荷神社とも呼ばれていて、仕事運をアップしてくれる力の強いお稲荷さんです。昔の貴族、武家専門だったので、その血を引いていない人が願掛けをする場合、コンスタントに行ったほうがいいです。

『神社仏閣は宝の山』ハート出版

息栖《いきす》神社　境内社「稲荷神社」 茨城県神栖市息栖2882

真っ白でフワフワのキツネのお姿をしています。創建時からいるのではないそうですが、力のあるお稲荷さんです。

『神社仏閣は宝の山』ハート出版

北山稲荷大明神 茨城県坂東市辺田1402の1

2015年に行った時は、参道が伸びきった草に覆われていて参拝ができない神社でしたが、2021年に整備されて参拝できるようになりました。「心機一転、やり直す！」と決意されているので、これからに期待ができるお稲荷さんです。

『神様のためにあなたができること』PHP研究所

埼玉県

寶登山《ほどさん》神社　境内社「宝玉稲荷神社」　埼玉県秩父郡長瀞町長瀞1828

眷属ともども伏見稲荷大社から来ているお稲荷さんです。眷属たちは几帳面で真面目、礼儀正しく丁寧な仕事をします。礼を尽くして信仰すれば終生守ってくれるお稲荷さんです。

『神社仏閣は宝の山』ハート出版

東京都

福徳神社　東京都中央区日本橋室町2丁目4の14

別名「芽吹稲荷」で、どっしりとした大きなお稲荷さんがいます。小粒の眷属がたくさんいて、その人を調査するために参拝者について行きます。結果をご祭神に報告をしたのち、願掛けが叶うというシステムになっています。

『東京でひっそりスピリチュアル』幻冬舎

豊岩稲荷神社　東京都中央区銀座7丁目8の14

狭い路地の奥にお稲荷さんがいます。敷地は狭いのですが、眷属もいます。銀座にいるお稲荷さんですから、ご縁をいただけると成功する率が高いです。

『神様が教えてくれた金運のはなし』幻冬舎

日枝《ひえ》神社　境内社「山王《さんのう》稲荷神社」　東京都千代田区永田町2丁目10番5号

お金を動かすことが非常に上手なお稲荷さんです。お金がないところに、うまくお金を動かして持ってくることがお得意です。金運アップの願掛けもそのようにして叶えてくれます。

『東京でひっそりスピリチュアル』幻冬舎

築土《つくど》神社　境内社「世継《よつぎ》稲荷神社」　東京都千代田区九段北1丁目14の21

かなり古いお稲荷さんですから、温和です。穏やかなご神気の稲荷神社です。大きなごりやくを授けてくれます。

『神さまと繋がる神社仏閣めぐり』ハート出版

愛宕《あたご》神社　境内社「福寿稲荷社」　東京都港区愛宕1丁目5の3

むわぁぁ〜とパワーを放出している、とても強いお稲荷さんです。強くて厳しい眷属がたくさんいます。高級ビジネスエリアに通用するレベルの商売繁盛を与えてくれます。

『東京でひっそりスピリチュアル』幻冬舎

乃木神社　境内社「赤坂王子稲荷神社」

東京都港区赤坂8の11の27

東京都北区の王子稲荷神社から眷属とともに来たお稲荷さんで、ピカーッと光っています。乃木大将のその後について丁寧に教えてくれた親切なお稲荷さんです。

『東京でひっそりスピリチュアル』幻冬舎

豊川稲荷東京別院

東京都港区元赤坂1の4の7

クールですが、金運に強いダキニ天さんがいます。本殿だけでなく奥の院でご挨拶をすることがポイントです。金運アップを与える人には、かついでいる稲穂の束からモミを1粒渡します。そのモミが成長すると、お金が入って豊かになります。

『「神様アンテナ」を磨く方法』KADOKAWA

大山稲荷神社

東京都渋谷区松濤1丁目7の26

このお稲荷さんが走った後ろには虹のような光の変化跡が残ります。高級住宅地にある古いお稲荷さんで、成功することや金運の仕組みに詳しいです。

『神様が教えてくれた金運のはなし』幻冬舎

四谷於岩《おいわ》稲荷田宮神社

東京都新宿区左門町17

「東海道四谷怪談」の主人公であるという汚名を着せられたお岩さんがいた神社です。お岩さんのことを親身になって心配していた、思いやりのあるお稲荷さんと眷属がいます。

『神様のためにあなたができること』ＰＨＰ研究所

水稲荷神社　東京都新宿区西早稲田3丁目5の43

〝平将門さん北斗七星〟7社の中の1社です。古いお稲荷さんなので優しいです。本殿裏側のお塚信仰のところは、コンスタントに、末永く信仰をする、という人以外は遠慮したほうがいいです。

『にほんの結界ふしぎ巡り』宝島社

根津神社　境内社「駒込稲荷」　東京都文京区根津1丁目28の9

涼やかで凜とした雰囲気の、神格の高いお稲荷さんです。歴史もあって、眷属も多いです。境内にいる狸の神様と仲良くやっています。

『神社仏閣は宝の山』ハート出版

小野照崎神社　境内社「織姫・稲荷神社」　東京都台東区下谷2丁目13の14

長左衛門稲荷と呼ばれていた稲荷社に織姫神社が合祀されています。別の神社になっているのではなく、ご祭神である小野《おのの》篁《たかむら》さんの眷属として働いています。

『東京でひっそりスピリチュアル』幻冬舎

待乳山《まっちやま》聖天　境内社「稲荷尊」　東京都台東区浅草7の4の1

聖天さんについて説明をしてくれた、親切なお稲荷さんです。お寺にいるお稲荷さんなので、仏様についての知識が豊富です。

『東京でひっそりスピリチュアル』幻冬舎

五柱稲荷神社　東京都墨田区緑4丁目11の6

自然霊のお稲荷さんです。真っ白で大きく、尻尾の先が割れて風になびいています。仕事の質を上げたい、依頼される仕事を増やしたい人向けの、仕事運に特化したごりやくです。1回きりの参拝はダメなので何回か参拝したほうがいいです。

『神様が教えてくれた金運のはなし』幻冬舎

西新井大師　境内社「出世稲荷大明神」　東京都足立区西新井1丁目15の1

会社勤めの人は任される仕事が、フリーランスや自営業の人は入ってくる仕事のスケールが、ビジネスなどは規模が大きくなるごりやくがあります。

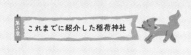

『東京でひっそりスピリチュアル』幻冬舎

王子稲荷神社　東京都北区岸町1丁目12の26

大都会にある神社なのにご神気がすごいです。波動も高いです。茶目っ気たっぷりで冗談を言ったりする、陽気でカラッと明るい〝江戸っ子お稲荷さん〟です。

『「神様アンテナ」を磨く方法』KADOKAWA

大宮八幡宮　境内社「大宮稲荷神社」　東京都杉並区大宮2丁目3の1

真面目なきっちりとしたお稲荷さんです。この神社にいる「おじさん妖精」を可愛いと思っているようで、おじさん妖精のことを教えてくれている時は、お稲荷さんも眷属もニコニコと素敵な笑顔でした。

『にほんの結界ふしぎ巡り』宝島社

馬橋稲荷神社　東京都杉並区阿佐谷南2丁目4の4

たくさんのお稲荷さんが組体操のピラミッドみたいな感じで集合しています。全員がご祭神であり、全員が眷属でもあるという珍しい構成です。願掛けをどうするのかは会議で決めています。

『開運に結びつく神様のおふだ』ハート出版

今熊神社　境内社「今熊開運稲荷社」　東京都八王子市上川町19

柔和な雰囲気のお稲荷さんは神様ですが、ご祭神のすぐ横に忠犬ハチ公みたいに座っています。ご祭神のパワーの効果で神威が倍になっている頼もしいお稲荷さんです。

『神社仏閣は宝の山』ハート出版

住吉神社　境内社「稲荷社」　東京都青梅市住江町12

人間を助けてやりたい、困った人々に手を貸してやりたいと思っている自然霊のお稲荷さんです。尻尾が7本あるので「妖」のパワーが使えます。

『開運に結びつく神様のおふだ』ハート出版

東伏見稲荷神社　東京都西東京市東伏見1丁目5の38

お塚エリアで質問をすると、お塚のお稲荷さん全員がパッと集まって相談をします。お塚のお稲荷さんが協調性豊かで仲良しという珍しい神社です。

『東京でひっそりスピリチュアル』幻冬舎

岐阜県

千代保稲荷神社　岐阜県海津市平田町三郷1980

眷属が多くいる神社です。古い時代のおばあさんが勝手に来て働いています。お稲荷さんも眷属もそのおばあさんを大事にしているのでほっこりします。願掛けはなんでもオーケーです。

『開運に結びつく神様のおふだ』ハート出版

櫻山八幡宮　境内社「稲荷神社」　岐阜県高山市桜町178

境内社ですが立派な社殿で、昔から大切にされてきた雰囲気のある、古いお稲荷さんです。神格も高く、お稲荷さんの世界について詳しいです。

『開運に結びつく神様のおふだ』ハート出版

愛知県

豊川稲荷　愛知県豊川市豊川町1

金運アップの願掛けに強く、お金のことを願うのに遠慮はいらないという太っ腹なダキニ天さんがいます。非常に多くのお稲荷さんが眷属として仕えているので、願い事が叶いやすいです。

『ごほうび参拝』ハート出版

滋賀県

阿賀神社　境内社「火防の稲荷社」　滋賀県東近江市小脇町2247

山のお稲荷さんで、かなり強いです。ピシッと座っている狛狐に迫力があります。もうひとつの稲荷社よりもこちらのほうが願いが大きく叶います。

『100年先も大切にしたい日本の伝えばなし』KADOKAWA

日吉大社　東本宮エリア境内社「稲荷社」　滋賀県大津市坂本5丁目1の1

お社はとても小さいのですが、お稲荷さんは神格が高く、黄金色です。優しいのでいろいろとなんでも教えてくれます。ただし初回の参拝でいきなり願掛けをするのはNGです。

『開運に結びつく神様のおふだ』ハート出版

京都府

知恩院　境内社「濡髪《ぬれがみ》大明神」　京都府京都市東山区林下町400

修行も経験も少ない子狐だったお稲荷さんが、社会見学の修行をしていた時に霊巌《れいがん》上人の説法に感動したというエピソードがあります。霊巌上人によって祀られて、現在は立派なお稲荷さんになっています。

『100年先も大切にしたい日本の伝えばなし』KADOKAWA

志明院　本堂手前の右側にあるお社　京都府京都市北区雲ケ畑出谷町261

修験道のお稲荷さんがいます。厳しいのですが、とても力が強いです。ここでの願掛けは、一生、定期的に（3年に一度は必ず）行く人限定です。多少困難な願掛けでも叶える力を持っていますが、約束は守らなければなりません。

『文庫本　京都でひっそりスピリチュアル』宝島社

伏見稲荷大社　京都府京都市伏見区深草藪之内町68

全国の稲荷社の総本山です。山岳系神様に近い神格にまで進化しているお稲荷さんがご祭神です。普段は神社後方の稲荷山にいます。優しくて穏やかな性質であり、地方のお稲荷さんとトラブルを起こした時はうまく解決してくれます。頼りになる神様です。

『文庫本　京都でひっそりスピリチュアル』宝島社

錦天満宮　境内社「日之出稲荷神社」　京都府京都市中京区新京極通り四条上る中之町537

境内社エリアにある「塩竈神社」「白太夫神社」「七社之宮」とこの「日之出稲荷神社」には各神社から眷属が来ています。全員の仲がよく、楽しそうに笑っていて居心地がいいエリアです。参拝する人の精神によい影響を与えてくれます。

『文庫本　京都でひっそりスピリチュアル』宝島社

吉田神社　境内社「竹中稲荷社」　京都府京都市左京区吉田神楽岡町30

平安時代初期にすでにあったそうで、歴史のある神社です。お稲荷さんは白色から金色にならずに、そのまま半透明のお姿になっています。神格が高いです。

『文庫本　京都でひっそりスピリチュアル』宝島社

市比賣《いちひめ》神社　境内社「植松稲荷社」　京都府京都市下京区河原町五条下ル一筋目西入ル

ニコニコと親切で、性質が柔らかいお稲荷さんです。お社前の右の狛狐が空席でした。

自主修行に出たとのことで、それを許したおおらかなお稲荷さんでもあります。

『文庫本　京都でひっそりスピリチュアル』宝島社

奈良県

源九郎稲荷神社　奈良県大和郡山市洞泉寺町15

源義経公にゆかりのあるお稲荷さんです。責任感があって、ご祭神や後輩を思う気持ちがとても強くてカッコイイ一の眷属がいます。各地の稲荷神社に眷属を派遣するため、子狐クラスから眷属を育てている神社です。

『神様のためにあなたができること』ＰＨＰ研究所

大阪府

成田山大阪別院明王院　境内社「出世稲荷堂」　大阪府寝屋川市成田西町10の1

クールではない、優しいダキニ天さんがいます。眷属のお稲荷さんは、境内を案内してくれたり、夕方の勤行《ごんぎょう》を教えてくれたりして、とても親切でした。

『神様と仏様から聞いた人生が楽になるコツ』宝島社

阿倍王子神社　境内社「葛之葉《くずのは》稲荷神社」大阪府大阪市阿倍野区阿倍野元町9の4

安倍晴明さんを産んだ霊狐が祀られているということで、平安時代の女性の姿をしているお稲荷さんがいます。わざと尻尾を出していてユーモアたっぷりの楽しいお稲荷さんです。

『神様と仏様から聞いた人生が楽になるコツ』宝島社

和歌山県

清高稲荷大明神　和歌山県伊都郡高野町高野山

参拝してくれた人に深い感謝の気持ちを持っているお稲荷さんです。その人が亡くなるまで感謝は続き、守ってもらえます。慈悲深いお稲荷さんでもあります。

『神様のためにあなたができること』PHP研究所

高野山奥之院　御廟内「白髭《しらひげ》稲荷大明神」和歌山県伊都郡高野町高野山550

空海さんが人間だった時に〝空海さんの〟眷属だったお稲荷さんです。働き者で徳を積み、現在は神格の高い大きなお稲荷さんになっています。

『もっと！神仏のご縁をもらうコツ』KADOKAWA

岡山県

遊屋《ゆや》八幡神社　境内社「稲荷神社」

岡山県勝田郡勝央町黒坂2の1

※神社入口にある社号標では「郷社八幡神社」となっていますが、岡山県神社庁のサイトでは「八幡神社」であり、「通称名：遊屋八幡神社」となっています。

扉を開けた状態を望むお稲荷さんなので、もしも扉が閉まっていたら、少しの間（5分でも3分でも）開けて、風を通すようにすると喜ばれます。

『神仏のなみだ』ハート出版

最上稲荷山妙教寺《さいじょういなりさんみょうきょうじ》

岡山県岡山市北区高松稲荷712

仏教の世界にいることを示すために輪袈裟をつけた、巨大で真っ白のお稲荷さんです。

見た目は普通のお稲荷さんですが、仏様になっています。

※2021年3月13日・16日『ブログで紹介』

島根県

日御碕《ひのみさき》神社　境内社「稲荷神社」

島根県出雲市大社町日御碕455

金色のキツネのお姿をした優しいお稲荷さんです。眷属は厳しめですが、写真を撮る時に見えない世界でポーズを取っていました。可愛いところがある眷属です。

『新装版　神社仏閣パワースポットで神様とコンタクトしてきました』ハート出版

須我神社　境内社「若宮神社」　島根県雲南市大東町須賀260

合祀社となっていますが、お稲荷さんと眷属が2体います。狛狐像には眷属が入っていて、お稲荷さんを爆笑させた会話が楽しかったです。

※2019年12月5日『ブログで紹介』

広島県

稲生《いなり》神社　広島県広島市南区稲荷町2の12

原爆に耐えた狛狐像がある稲荷神社です。パワーが爆発しそうなくらい強いです。妖怪伝説で有名な稲生武太夫に声が届きます。

『100年先も大切にしたい日本の伝えばなし』KADOKAWA

久《く》井《い》稲生《いなり》神社　広島県三原市久井町江木宮之本1の1

キツネのお姿を卒業した、神格の高い神様となっているお稲荷さんです。目が見えなかった我が子のために母親が100日参りをしたので、目が見えるようにしてあげたというエピソードがあります。

『神仏のなみだ』ハート出版

山口県

元乃隅《もとのすみ》神社　山口県長門市油谷津黄498

CNNが選ぶ「日本の最も美しい場所31選」に入った神社です。千本鳥居が描く赤い曲線と青い海の風景が美しいです。つながっている神社の眷属の修行場です。

※2016年9月16日『ブログで紹介』

福徳稲荷神社　山口県下関市豊浦町大字宇賀2960の1

ご祭神は普段、奥之院である「谷川稲荷」にいます。非常にフレンドリーで親しみやすいお稲荷さんと眷属ですが、高い崖の上にいるお稲荷さんですから、力は強いです。

※2016年9月20日『ブログで紹介』

佐賀県

祐徳稲荷神社　佐賀県鹿島市古枝乙1855

規模が伏見稲荷大社の次に大きな稲荷神社です。ご祭神は本殿にいて、膨大な数の眷属は境内や背後の山にいます。お塚もたくさんあり、中には非常にパワーのあるお塚のお稲荷さんもいます。

『あなたにいま必要な神さまが見つかる本』ＰＨＰ研究所

大分県

扇森稲荷神社　大分県竹田市拝田原８１１

昔から厚く信仰されてきた、力の強い、親分肌のお稲荷さんです。気さくなので会話が楽しく、その点でも魅力があります。お塚信仰のお稲荷さん方も眷属になったりしていて、明るい雰囲気です。

※２０１７年９月18日・19日・21日『ブログで紹介』『神様のためにあなたができること〈おわりに〉』ＰＨＰ研究所

おわりに

お風呂上がりに化粧水をペタペタとつけていて、「そういえば、私は長い期間、化粧水ジプシーだったな〜」ということを思いました（コスメジプシー、スキンケアジプシーとも言うそうです）。

「どこかの製品に驚くほど私の肌にピッタリ合う化粧水があるはず！」「そしてその化粧水をつけると肌がしっとり〜、ツルツル〜、ぷるぷる〜になるはず！」と夢見て、せっせと化粧水をあれこれ試しました。

高価なものからお安いものまで、さまざまなものを使用してみました。テレビのコマーシャルやネットの情報に飛びついて購入したこともありますし、友人知人のおすすめに従ってお高いものを買ったこともあります。けれど使ってみると、どれも悪くはないけれど、そんなにいいわけでもない、というものばかりでした。

魔法のような効果がある化粧水を期待していましたが、30年ほどさまよって、そんなものはないと悟りました。今はなんのトラブルも起こさない、地味～な化粧水に落ち着いています。

離婚はしましたが、今でも人生のパートナーとして仲良くしている元夫は、ギタージプシーです。「どこかに最高の音を奏でるギターがあるはず！」「そのギターを手に入れたら一生、いい音を楽しめるはず！」と、高価なギターを買っては、「これじゃなかった」と言って、売っています。これを繰り返しています。

人生をもっと輝かせたい、運気をよくしたい、というのも同じかもしれません。一発逆転大ホームランのような、奇跡の方法があるかもしれない、そしてそれを知ったら、魔法のようにあっという間に人生が変わるかもしれないと、あれこれ試してみる方もいらっしゃるでしょう。

いろいろとチャレンジするのは楽しいし、さまざまなものを試すというやり方が自分には合っている、という方もおられると思います。

私のブログに届くたくさんのメッセージを読んでいますと、あれこれチャレンジするのに疲れたという記述をたまに目にします。高額な料金を支払って、数日間のセミナーに出てみたけれど何も変わらなかったとか、特殊なパワーを込めていると言うのでその品物を買ったけれど、なんの効果もなかったとか、信じていただけに激しく落ち込んでいる人がいます。

あれこれやってみるのもいいと思います。

けれど、やってみると、思っていたものとは違っていた、これも違う、あれも違う……となれば、そこに費やした時間や費用がもったいないのも事実です。

私は〝確実な方法〟を地道にやったほうが、早く成功にたどりつけるのではないか、と考えています。

その方法というのは、せっせと神仏のもとに通ってご縁を授かり、しっかりと守ってもらうことです。これは派手な方法でも、目新しい方法でもありません。地味です。

しかも、神社仏閣に「行く」という手間もかかります。1回参拝しただけで、人生がバラ色になることはまれで、コツコツと通うことが成功の秘訣です。そういう意味でも非常に地味です。

しかし、一番効果がある方法、裏切られない方法はこれなのです。

参拝を続ける（信仰を続ける）という自分の努力によって、神仏に目をかけてもらえます。神仏は信仰心が厚い人のことを大切に思っていますから、願掛けを叶えてくれたり、「魔」から守ってくれたりします。人生がよい方向にどんどん動いていくのです。

この方法は、誰かの言う通りにしなければいけないとか、何かを買わなければいけないということはありません。自分でできる方法です。

神社仏閣にコツコツと行くことは、神仏の信頼を得ることでもあります。小さくてもこのように確実なことを積み重ねていけば、最終的にとても大きな成功につながります。つまり、人生をよくする成功の種は自分の中にあるのです。他人を信用して、その人に賭けてみるのもいいかもしれません。けれど、自分を信じて動いたほうが幸運が舞い込む率は高いのです。

お稲荷さんが人間に近い神様で、優しく、親身になってお世話をしてくれることが、本書で理解していただけたのではないかと思います。お稲荷さんはこちらが信仰を示せば真摯に応えてくれます。守る、と決めたら一生、寄り添って手厚く守ってくれます。

お稲荷さんに通うことは、人生を変える方法として最善策なのでは？　と私は思います。それほど信用できる神様なのです。

本書でそのことが皆様に正しく伝わっていることを切に願います。

誤解されることが多いお稲荷さん、というつながりで、最後に誤解されたキツネの物語をお届けします。桜井識子バージョン「ごんぎつね」です。

このお話は原作をベースにしていますが、桜井識子バージョンでは「おばぁ」というオリジナルの人物を新たに登場させました。悲しいストーリーではありませんから、どうぞ安心してお読み下さい。

短い人生のごんですが、とても大切なことを学んだというストーリーです。皆様にぜひお伝えしたい内容なので、ごんの気持ちになって物語の中へ入ってみて下さい。この物語から、たとえ小さくても何かをつかんでもらえたら、大変嬉しく思います。

桜井識子

ごんぎつね

さくらいしきこ

ごんぎつね――登場人物

ごん　：　ひとりぼっちのキツネ。
兵十　：　貧しいお百姓さん。おばぁと2人暮らし。
おばぁ　：　兵十の母親。
加助　：　兵十の友人でお百姓さん。
新吉　：　キツネ狩りをする隣り村の猟師。

1

あるところに「ごん」という名前のキツネがいました。

ごんは里から少し離れた山のふもとで暮らしていました。山のふもとには広い森があって、ごんはそこに小さな穴を掘り住処《すみか》を作っていました。ごんの両親はすでになくなっていて、友達もいないごんはいつもひとりぼっちでした。

ごんは時々里におりて行って、イタズラをしていました。

お百姓さんが丹精込めて作った作物を見つけると、こっそり畑に入って、収穫間近の作物を大量にちぎったりしました。秋には刈り取り後の田んぼに入り、はぜに掛けてある稲を端から全部落としたりもしました。家の軒先に干してある野菜を見ると、むしり取って捨てたりしていたのです。

イタズラをしょっちゅうしていたわけではありませんが、たまにでもそんなことをしていたため、ごんは「悪いキツネ」と村びとに思われていました。

しかし、ごんのイタズラには理由があったのです。ごんはこう思っていました。

「だって、人間はキツネに意地悪だから」

ごんはまだ幼かった頃に、何度か人間に追いまわされたことがありました。特に隣り村の猟師だった新吉はしつこくて、どこまでもごんを追ってきました。新吉はキツネを見つけるたびにつかまえようと必死だったのです。

キツネは鼓《つづみ》の皮になります。襟《えり》に巻く毛皮にもなるため、高い値段で買い取ってもらえるのです。1匹売れば、しばらく楽に生活ができるほどの金額です。貧しい村で暮らしていた新吉には大金でした。

新吉とその仲間のせいで、森に数匹いた友達はみんなつかまってしまいました。友達は鼓になったのか、襟巻きになったのか……その先のことはごんにはわかりませんでした。

友達がみんないなくなって、うまく逃げることができたごんだけが生き残ったのです。新吉はその後、どこかへ奉公に出たらしく、今はキツネ狩りをしていません。

今でもごんの心に、つかまりそうになった時の恐怖がよみがえってくることがあります。殺された友達のことを思い出すと、ごんは人間を懲らしめてやりたいという気持ちになりました。そんな気持ちになった日はイタズラをしに里へと向かっているのです。

ある日のことです。降り続いた雨で村の川が増水していました。いつもより激しい流れの川を見るのは面白く、ごんは川べりを歩いていました。川しものほうへ行くと、川の中に人間が入って何かをしています。

「あれは兵十だ。いったい何をしてるのだろう?」

しばらく様子を見ていると、どうやら兵十はウナギを獲っているらしく、四苦八苦しています。

「ウナギは難しいからなぁ」

ごんが眺めていると、ようやく1匹だけウナギが網にかかりました。兵十は嬉しそうにウナギを〝びく〟に入れます。

そこで兵十は何か用事を思い出したのか、びくをそこに置いたまま、川かみへと走って行きました。イタズラのチャンスです。

「でも……」

と、ごんは考えました。兵十はキツネに意地悪をしたことはないし、個人的に恨

みもありません。イタズラをするのは兵十に悪いかな、と思いましたが、兵十も
「人間」です。新吉の仲間です。ごんは殺された友達を思い浮かべ、兵十も懲らし
める対象だな、と思いました。

ごんはびくのそばまでそっと移動をし、茂みから出てびくに近寄り、中をのぞき
ました。そこには数匹の魚とウナギが1匹入っていました。

ごんはまず魚をつかみ、川へ放り投げました。どぼん！　と音を立てて魚は沈み、
その後スイ～ッと泳いでいきました。次々に魚を逃がすと、最後にウナギをつかも
うとしました。しかし、ウナギはぬるぬるしていてうまくつかむことができません。

「ええい、面倒くさい！」

ごんはびくに頭を突っ込んで、ウナギを口にくわえました。

ちょうどその時です。川かみから兵十が戻ってきて、

「こらぁ！　このドロボーギツネめ！」

と怒鳴りました。

「やべ！」

ごんはウナギをくわえたまま一目散に逃げました。走って、走って、走りぬいて、

やっと森にたどり着くと、ごんは後ろを振り返りました。兵十は森の中までは追ってきませんでした。

ホッとしたごんはそこでウナギをポトリと地面に置きました。ウナギは死んでいました。

「ウナギ、ごめんよ。兵十に追いかけられたから……逃がすことができなかった」

ごんはウナギに謝ると、住処へと帰って行きました。

2

10日ほどして、ごんはまたイタズラをしてやろうと村におりて行きました。

けれどその日の村はいつもと様子が違っていました。

「なにか変だな」

ごんが用心深く様子を探ると、兵十の家のあたりに人が多く集まっていました。

なんの集まりだろう？　と興味を引かれたごんは近くまで行ってみました。

兵十の家は粗末で小さく、壊れかけています。その家の前で、村の女性たちがかまどで何かを作っています。大きな鍋の中ではぐつぐつと何かが煮えていました。

兵十の家から村びとが何人も涙をふきながら出てきます。

「あ、葬式なんだ」

と、ごんは悟りました。兵十の家の誰が死んだのか知りたかったのですが、村びとが大勢いたので、家のそばまで行くのはあきらめました。

「先まわりして、墓地で待っていよう」

ごんは墓地まで駆けていき、墓地の背後にある小高い丘に登りました。そこで葬列が来るのを待ちました。

風がさやさやと渡っていく、気持ちのよい午後でした。

「兵十と一緒に暮らしてたのは誰だっけ？」

ごんは考えます。

「兵十に嫁はいなかったと思うけどな」

そうつぶやいた時に、白い装束を着た葬列が墓地にやってきました。墓地に着くと、儀式のようなことを始めました。最後のお別れの場面となり、そこでやっとごんにも死んだ人の顔が見えました。

「あっ！　あれは！　あの時のおばぁ！」

ごんは思わず叫びました。

あの時のおばぁ……その言葉の裏にはこんなエピソードがあったのです。


まだ幼かったごんが隣り村の新吉に追いまわされていた時のことです。追われて逃げまわっているうちに、ごんは別のグループ数人に囲まれてしまいました。そのうちの１人は太い棒を持っていました。屈強な男ばかりのグループだったので、ごんは恐怖で一歩も動けなくなりました。

棒を持った男は、思いっきりその棒でごんを叩きました。

「ぎゃん！」

思わずごんは叫び声をあげました。

それまでに経験したことがない激痛が全身に走りました。男は続けて叩くつもりなのか、棒を振り上げています。

「もうダメだ……」

と、ごんが思ったその時でした。

雷鳴が轟《とどろ》き、すぐ近くの木にカミナリが落ちたのです。木は大きな音をたてて割れ、激しい雨もザーッと降ってきました。

男たちはカミナリをおそれ、あわてて逃げて行きます。

「よかった、助かった……」

ごんは痛む体を引きずりながら、なんとか森まで戻りました。でも住処まではたどり着けません。ごんは森の入口で倒れてしまい、そのまま気を失いました。

どれくらいの時間がたったのか……ごんがふと気づくと、ひとりのおばぁがそばにいました。

「ひどいケガだな。ありゃ～、これはいけないね、膿《うみ》を持っている」

おばぁはごんをさわろうとします。

「さわるなー！」

ごんは精一杯威嚇をしました。しかし、歯をむき出すことしかできません。傷がひどく痛み、体もだるくて、ぐったりとしたまま動けないのです。

「はいはい、悪いことはしやしないよ、どれ？　よく見せてごらん」

おばぁはごんの傷をたしかめます。痛いじゃねぇか、さわるな！　と身をかわそうとしましたが、激痛で抵抗ができないごんはじっとしていました。

「ちょっと待ってな」

そう言っておばぁは森の奥へと行き、しばらくすると川の水をくんで戻ってきました。薬草もたっぷり摘んでいます。

おばぁは川の水でごんの傷を洗い、取ってきた薬草をすりつぶして、傷に塗りました。そして、持っていたてぬぐいで包帯をしたのです。

「これでもう大丈夫だ」

おばぁはニッコリと笑顔を見せ、

「キツネっこ、災難だったな。かわいそうに。ハラは？　へってないのか？」

と、優しくごんに聞きました。ごんが黙っていると、おばぁはできそこないの小さな芋をふところから出しました。ふかし芋です。おばぁの家は貧しいのでしょう。ちゃんと育った芋は売り、できそこないの芋をこうして食べているのです。

そのふかし芋をごんにくれました。

「おばぁ、それ、おばぁの昼メシだろう？　オラにくれたら、おばぁの昼メシがなくなるじゃないか」

そこまでしてくれる親切なおばぁに、ごんは戸惑いました。人間はキツネに意地悪をするやつばかりだと思っていたからです。

「これを食べて元気になるんだよ。だがな、キツネっこ。人間を恨んじゃダメだよ」

おばぁはごんの頭を撫でながら言います。

「キツネはな、恨む心を持つと、野孤《やこ》という悪〜いキツネになってしまうからな」

「へぇ〜、そうなのか」

ごんは黙って聞きます。

「野孤になったらダメだ。気をつけろよ」

去っていくおばぁの背中を見ながら、ごんはもらったふかし芋を食べました。

芋と薬草のおかげで傷はみるみるうちに回復し、ごんは元気になったのでした。

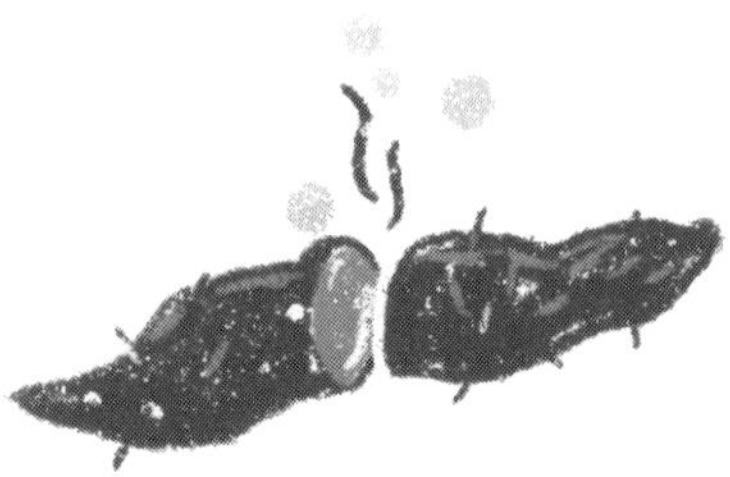

「あのおばぁが、兵十のおっかぁだったとは……」

そこでごんはとても申し訳ない気持ちになりました。

「おばぁはきっと病気だったに違いない」

イタズラをしに行った時、村で兵十の姿は時々見かけました。でも、おばぁはあれ以来一度も見ていないのです。たぶん病気になって、家で寝ていたのでしょう。

ごんは考えます。

「おばぁは死ぬ前に、ウナギを食べたいと言ったのかもしれない……。ウナギはごちそうだ。いつもできそこないの芋なんかを食べているから、最後に美味しいものを食べたいと、兵十に言ったのだろう。それで兵十は、普段は使わないあの網を持ち出してウナギを獲っていたんだ……」

ごんはしんみりとした気持ちになりました。

「でもオラがイタズラをしたから……おばぁはウナギを食べられずに死んじゃったんだ。ウナギを食べたかったなぁ、もう1回ウナギを食べたいなぁ、って思いながら、おばぁは死んだのかな……」

ごんの目から涙がポロポロこぼれます。どんなに反省をしても、してしまったことは取り返しがつきません。

「おばぁはオラの命の恩人なのに……。おばぁ、ごめんよ。オラ知らなかったんだ。そんなに大事なウナギって、知らなかったんだ……」

ごんは自分がしてしまったことを後悔して、しばらく泣き続けました。

次の日、ごんが兵十の家に行くと、兵十は井戸で麦を研《と》いでいました。

「兵十もオラと同じだ。ひとりぼっちになったんだな」

ごんはなんとかして、おばぁにできなかった恩返しと、兵十につぐないをしたいと思いました。でも、その方法がわかりません。

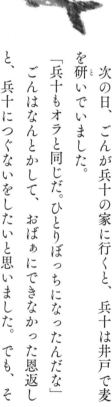

「どうしたらいいのだろう」

考えながらとぼとぼと歩いていると、目の前にイワシ売りがいました。イワシ～、イワシ～、と大きな声で叫びながら歩いています。ちょうどその時、「おーい、イワシを5尾おくれ」と、家の中から呼び止めた人がいました。

イワシ売りはイワシを持ってその家に入りました。

ごんはとっさにカゴに駆け寄り、3尾ほどカゴの中からイワシをつかんで胸に抱きました。そして、来た道を急いで引き返します。イワシを兵十にあげよう！　と思ったのです。

兵十は貧しいのでイワシを買うお金はなさそうです。イワシをもらったら大喜びするにちがいありません。

ごんは兵十の家に来ると、裏口から土間にイワシを投げ込みました。兵十の喜ぶ顔を見たいと思いましたが、自分がしたことを考えると、恩返しもつぐないもまだまだ足りません。

十分だと思えるほど恩返しとつぐないができたら、その時に兵十にすべてを打ち明けよう、そう決心したごんは森へと向かって走りました。走りながら振り返ってみたら、兵十はまだ麦を研いでいました。

「兵十、今日はイワシで晩メシだな。まずひとつ、いいことをしたぞ」

イワシでご飯を食べている兵十を想像して、ごんはちょっぴり嬉しくなりました。

次の日、ごんは山で栗をどっさり拾って、兵十の家に行きました。家の中をのぞいてみると、兵十は昼ごはんを食べていました。なぜか頬にケガをしています。

ごんが不思議に思っていたら、兵十がぶつぶつとひとりごとを言いました。

「いったい誰がイワシを俺の家に放り込んだんだ……。おかげで俺は盗人《ぬすっと》扱いされて、ひどい目にあっちまった。アイタタタ。まだ傷が痛てぇや」

兵十が頬の傷を撫でています。

「うわぁ！　兵十、ごめん！」

ごんは頭をかかえました。喜んでくれるだろうと思ってイワシをあげたのに、泥棒だと勘ちがいをされた兵十はイワシ売りに殴られたのです。人から盗んだものをあげちゃダメなんだな、とごんは学習しました。

兵十に見つかると叱られそうだったので、ごんは物置のほうへ、そ〜っとまわって入口に栗を置きました。

「これからはウナギのつぐないだけじゃなくて、イワシのつぐないもしなきゃ」

ごんは森に向かって駆けていきました。

次の日も、その次の日も、毎日毎日、ごんはせっせと栗を拾って兵十の家に届けました。栗はトゲがあるイガに入っているので、取り出すのがたいへんです。

ごんは毎日、

「イテテ、トゲが刺さったー」

「こっちのイガ、固すぎる〜、イテー！」

と大騒ぎをしながら、イガと格闘しました。

栗を拾っているさいちゅうに、まつたけを見つけたことがあって、

「兵十はまつたけも喜ぶかな」

と、それからはまつたけも持って行くようになりました。

3

　そんな忙しい毎日を送っていたある夜のことです。寝るのがもったいないほど、お月さまが明るく輝いていました。ごんは久しぶりに夜の散歩に出かけました。チンチロリン、チンチロリン、と虫が鳴いています。

　行くあてもなくぶらぶらと歩いていると、向こうから誰かがやってきます。ごんはあわてて草むらに隠れました。やって来たのは兵十と、お百姓さんの加助でした。

　2人は話をしながら近づいてきます。

「なぁ、加助」

「ん？」

「俺の家でさ、最近、不思議なことが起こるんだ」

「ほ〜、どんな？」

「おっかぁが死んでから、誰かが毎日、栗やまつたけをくれるんだよ」

「へ〜、タダでか？　すごいな、誰だろう？」

「それがわからんのだ。俺の知らないうちに置いてくんだ」

ごんの贈り物について、兵十が話をしています。続きを聞きたいと思ったごんは、2人のあとについて行きました。

「そりゃ不思議だな」

「だろう？」

「栗やまつたけは本物なのか？」

「ああ、本物だ。化かされているわけじゃないぞ。なんなら明日、見に来いよ」

そこで2人は吉兵衛というお百姓さんの家に着きました。挨拶をしながら中に入っていきます。家の中からはポンポン、ポンポンと木魚の音が響いていました。障子にはお坊さんの影が映っています。

「お念仏があるんだな」

そう思ったごんは外で待つことにしました。しばらくすると、兵十と加助が一緒に出てきました。2人はまた肩を並べて歩きます。

月明かりでできた兵十の影法師を、ごんはぴょんぴょんと踏みながら、後ろからついて行きます。

「さっきの話だけどな、兵十。そりゃ、きっと……神さまのしわざだぞ」

「えっ？　神さま？」

「俺はあれからずっと考えてたんだがな、そんなことをするのは人間じゃなさそうだ。神さまだ。それしか考えられねぇ。お前がひとりぼっちになったのをあわれに思って、いろんなものを恵んでくださるんだろう」

「そうかな？」

「そうだとも。だから、毎日神さまにお礼を言えよ、兵十」

「うん、そうだな！　そうするよ」

後ろで聞いていたごんはガッカリしました。

「オラが苦労して拾っている栗なんだけどな〜。神さまのおかげってことになるのか……。お礼は神さまに言うのか……」

ごんはちょっぴり寂しい気持ちになりました。元気がなくなったゴンはうつむいて、とぼとぼと歩きました。そうすると、もう兵十の影法師についていけません。

2人のあとを追うのをやめたごんは、しょんぼりと落ち込んだ気分で森に戻りました。

　そこで、はたと気づきました。

「あれ？　それってオラが神さまだと思われてる……ってことじゃないのか？　そうだ、そういうことだ。兵十にとって、オラは神さまなんだ！」

　暗い気持ちだったごんは、なんだかワクワクしてきました。

「よし、明日からはもっといっぱい栗やまつたけを持って行ってやろう。兵十、びっくりするぞ〜。神さまにお礼を言ったら、もらえるものが増えた！　って」

　ごんはますます楽しくなりました。

「柿も持って行ったら、目を真ん丸にして驚くかな」

　はずむ気持ちを抑えられなくて、うふふ、うふふと笑いながら、ごんは夜道を帰りました。

4

次の日、ごんは栗とまつたけだけでなく、たくさんの柿やイチジクも持って、兵十の家に行きました。いつものように家の裏口からこっそりと中に入ります。

兵十はこの日、物置で縄をなっていました。

物音を聞いたような気がした兵十は、ふっと顔をあげました。すると、キツネが家の中に入って行くのが見えます。

「あっ！　あれは、ウナギを盗んだごんじゃないか！」

兵十はそっと立ち上がりました。

「ごんのやつ、またイタズラをしに来やがったな。ちょっと懲らしめてやるか」

そう言うと、兵十は壁に掛けてある火縄銃を取って、火薬を詰めました。

兵十にごんを殺そうという気持ちはありません。地面か空を撃って、ごんをおどかしてやろうと思ったのです。怖い思いをすれば、二度とイタズラをしないだろう、と兵十は考えたのでした。

兵十は足音をしのばせて裏口に近寄り、戸口を出ようとしたごんの足もとに銃を向けました。外して撃つつもりでしたが、撃とうとしたその瞬間、わらじが滑って兵十の手元が狂いました。

ズドン！

大きな音とともに、ごんがパタリと倒れました。

「しまった！」

兵十は銃を捨て、あわてて駆け寄ります。

「ごん、大丈夫か？　すまねぇ、撃つつもりはなかったんだ」

ごんが倒れた場所からは土間が見えています。そこには、たくさんの栗やまつたけ、果物がありました。その全部が兵十の目に飛び込んできました。

「あれは……。そうか、ごん！　今までの栗やまつたけの恵みはお前だったのか！」

ごんはぐったりとして、目をつぶったままうなずきます。

「すまん、ごん……。気づいてやれなくて……。本当にすまねぇ……」

兵十は膝から崩れ落ちるように座り込み、ごんを抱きかかえました。腕の中のごんに必死で謝り、涙を流しています。

いきなり撃たれて、一瞬、何が起こったのか理解ができなかったごんでしたが、

「ああ、オラは今から死ぬんだな」

と悟りました。

兵十が泣きながら謝るのを聞いていると、殺そうと思って撃ったわけではないということがわかりました。

薄れていく意識の中で、ごんはあの日のおばぁとの会話を思い出していました。

「キツネっこや、お前をこんな目にあわせたのは、よくない人間だがね……許しておやり」

おばぁはごんの傷の手当をしながら言いました。

「絶対にイヤだ!」

ごんは牙をむきます。

何も悪いことをしていないオラを棒で叩くなんてひどすぎる! とごんは怒りを隠しません。

「許すということは素晴らしいことなんだよ。誰にでもできることじゃないんだよ」

ごんは牙をむいたまま、うなりました。おばぁは人間だから人間をかばうのだろう、人間の味方なんだ！　とごんは思いました。

「そうか。そうか。今は無理だな。痛いだろうからな。でもな、キツネっこ、許すことができた時にわかるよ。ああ、許すっていうのは〝自分を救う〟んだなぁ、ってな」

そう言っておばぁは、とびきり優しい笑顔でごんの頭を撫でたのでした。

死に際にそれを思い出したごんは、天に向かって言いました。

「おばぁ、オラ、兵十を許すよ！」

すると不思議なことに、ごんの気持ちはす〜っと穏やかになりました。過去にごんを棒で叩いた人間も、友達を殺した人間も、全部許そう……そう思ったら、ごんの心はますます安らかに、軽くなっていきます。

「キツネっこ、よう言うた！　えらい、えらい」

と、天からおばぁがごんに微笑みかけてくれたような気がしました。よしよし、と頭を撫でてくれたようにも思いました。

「死ぬ時にすべて許すことができたら、地上に恨みつらみの重たい気持ちを残さなくてすむのだな」

ごんは最期《さいご》にとても大切なことを学びました。

ごんの目には、もう兵十も、兵十の家も、青空も見えていません。キラキラ輝く、天国に続く階段だけが見えています。

ごんは最期の深呼吸をひとつすると、こう言いました。

「おばぁ、ありがとう！　神さま、ありがとう！」

こうして肉体を離れたごんの魂は、天国への階段をぴょんぴょんと、元気よく駆けのぼって行ったのでした。


（おわり）

桜井識子　さくらい　しきこ

神仏研究家、文筆家。
霊能者の祖母・審神者の祖父の影響で霊や神仏と深く関わって育つ。
神社仏閣を2,000ヶ所以上参拝して得た、神様仏様世界の真理、神社仏閣参拝の恩恵などを広く伝えている。神仏を感知する方法、ご縁・ご加護のもらい方、人生を好転させるアドバイス等を書籍やブログを通して発信中。

『ごほうび参拝』『新装改訂版 "識子流"ごりやく参拝マナー手帖』(ハート出版)、『神様のためにあなたができること 文庫版』(PHP研究所)、『ごりやく歳時記』(幻冬舎)、『おみちびき』(宝島社)、『100年先も大切にしたい日本の伝えばなし』(KADOKAWA)など著書多数。

「桜井識子オフィシャルブログ～さくら識日記～」
https://ameblo.jp/holypurewhite/

お稲荷さんのすごいひみつ　一生守ってくれるありがたい神様

令和５年10月６日　第１刷発行
令和６年８月20日　第４刷発行

著　者　桜井識子
発行者　日高裕明
発行所　ハート出版
〒171-0014東京都豊島区池袋3-9-23
TEL03-3590-6077　FAX03-3590-6078

ISBN978-4-8024-0167-8　C0011

印刷・製本/中央精版印刷　編集担当/日高　佐々木